| 16 | 3  | 2  | 13 |
|----|----|----|----|
| 5  | 10 | 11 | 8  |
| 9  | 6  | 7  | 12 |
| 4  | 15 | 14 | 1  |

coleção TRANS

# Gilles Deleuze

# BERGSONISMO

*Tradução*
*Luiz B. L. Orlandi*

*Tradução dos textos em apêndice*
*Lia de Oliveira Guarino e Fernando Fagundes Ribeiro*

editora 34

EDITORA 34

Editora 34 Ltda.
Rua Hungria, 592  Jardim Europa  CEP 01455-000
São Paulo - SP  Brasil  Tel/Fax (11) 3811-6777  www.editora34.com.br

Copyright © Editora 34 Ltda. (edição brasileira), 1999
*Le Bergsonisme* © Presses Universitaires de France, Paris, 1966
Textos em apêndice, "Bergson" e "A concepção da diferença em Bergson",
publicados com a autorização de Fanny Deleuze.

*Cet ouvrage, publié dans le cadre du programme de participation à la publication, bénéficie du soutien du Ministère français des Affaires Etrangères, de l'Ambassade de France au Brésil et de la Maison française de Rio de Janeiro.*
Este livro, publicado no âmbito do programa de participação à publicação, contou com o apoio do Ministério francês das Relações Exteriores, da Embaixada da França no Brasil e da Maison française do Rio de Janeiro.

A FOTOCÓPIA DE QUALQUER FOLHA DESTE LIVRO É ILEGAL E CONFIGURA UMA APROPRIAÇÃO INDEVIDA DOS DIREITOS INTELECTUAIS E PATRIMONIAIS DO AUTOR.

Edição conforme o Acordo Ortográfico da Língua Portuguesa.

Capa, projeto gráfico e editoração eletrônica:
*Bracher & Malta Produção Gráfica*

Revisão técnica dos textos em apêndice:
*Luiz B. L. Orlandi*

Revisão:
*Ingrid Basilio*

1ª Edição - 1999 (2 Reimpressões), 2ª Edição - 2012 (1ª Reimpressão - 2020)

Catalogação na Fonte do Departamento Nacional do Livro
  (Fundação Biblioteca Nacional, RJ, Brasil)

      Deleuze, Gilles, 1925-1995
D348b     Bergsonismo / Gilles Deleuze; tradução de
      Luiz B. L. Orlandi. — São Paulo: Editora 34, 2012
      (2ª Edição).
      160 p. (Coleção TRANS)

      ISBN 978-85-7326-137-0

      Tradução de: Le Bergsonisme

          1. Bergson, Henri-Louis, 1859-1941.
      2. Filosofia francesa. I. Orlandi, Luiz B. L.
      II. Título. III. Série.

                    CDD - 194

# BERGSONISMO

1. A intuição como método
   (As cinco regras do método) .................... 9
2. A duração como dado imediato
   (Teoria das multiplicidades) .................... 31
3. A memória como coexistência virtual
   (Ontologia do passado e psicologia da memória) ...... 43
4. Uma ou várias durações?
   (Duração e simultaneidade) ..................... 63
5. O impulso vital como movimento da diferenciação
   (Vida, inteligência e sociedade) ................. 79

## Apêndice

I. Bergson .................................... 103
II. A concepção da diferença em Bergson ........... 119

*Índice de nomes e correntes filosóficas* ......... 149
*Bibliografia de Gilles Deleuze* .................. 151
*Sobre o autor* .................................. 155
*Sobre o tradutor* ............................... 157

# BERGSONISMO

A paginação da edição francesa (Gilles Deleuze, *Le Bergsonisme*, Paris, PUF, 1966) está anotada entre colchetes ao longo desta tradução. Também entre colchetes aparecem notas do tradutor ou do revisor técnico. No final do volume foi acrescentado um índice de nomes e correntes teóricas, sendo que as páginas nele referidas correspondem à paginação dos originais em língua francesa.

*Luiz B. L. Orlandi*

# 1.
# A INTUIÇÃO COMO MÉTODO
*[1]*

Duração [*Durée*], Memória [*Mémoire*] e Impulso vital [*Élan vital*] marcam as grandes etapas da filosofia bergsoniana. O objetivo deste livro é a determinação da relação entre essas três noções e do progresso que elas implicam.

A *intuição* é o método do bergsonismo. A intuição não é um sentimento nem uma inspiração, uma simpatia confusa, mas um método elaborado, e mesmo um dos mais elaborados métodos da filosofia. Ele tem suas regras estritas, que constituem o que Bergson chama de "precisão" em filosofia. É verdade que Bergson insiste nisto: a intuição, tal como ele a entende metodicamente, já supõe a *duração*. "Essas considerações sobre a duração parecem-nos decisivas. De grau em grau, elas nos fizeram erigir a intuição em método filosófico. Aliás, 'intuição' é uma palavra ante a qual hesitamos durante muito tempo."[1] E a Höffding *[2]* ele escreveu: "A teoria da intuição, sobre a qual o senhor insiste muito mais do que sobre a teoria da duração, só se destacou aos meus olhos muito tempo após essa última".[2]

Mas há muito sentido dizer primeiro e segundo. A intuição é certamente segunda em relação à duração ou à memória. Porém, embo-

---

[1] *PM*, 1.271; 25. Empregamos as iniciais para citar as obras de Bergson: *DI* para *Essai sur les données immédiates de la conscience*, 1889; *MM* para *Matière et mémoire*, 1896; *R* para *Le Rire*, 1900; *EC* para *L'Évolution créatrice*, 1907; *ES* para *L'Énergie spirituelle*, 1919; *DS* para *Durée et simultanéité*, 1922; *MR* para *Les Deux sources de la morale et de la religion*, 1932; *PM* para *La Pensée et le mouvant*. Citamos *DS* em conformidade com a 4ª edição. Quanto às outras obras, nossas referências remetem, primeiramente, à paginação da Édition du Centenaire (Paris, Presses Universitaires de France), e, em seguida, conforme as indicações desta, à paginação das reimpressões de 1939-1941.

[2] *Lettre à Höffding*, 1916 (cf. *Écrits et Paroles*, t. III, p. 456).

ra tais noções designem por si mesmas realidades e experiências vividas, elas não nos dão ainda qualquer meio de *conhecê-las* (com uma precisão análoga à da ciência). Curiosamente, poder-se-ia dizer que a duração permaneceria tão só intuitiva, no sentido ordinário dessa palavra, se não houvesse precisamente a intuição como método, no sentido propriamente bergsoniano. O fato é que Bergson contava com o método da intuição para estabelecer a filosofia como disciplina absolutamente "precisa", tão precisa em seu domínio quanto a ciência no seu, tão prolongável e transmissível quanto a própria ciência. Do ponto de vista do conhecimento, as próprias relações entre Duração, Memória e Impulso vital permaneceriam indeterminadas sem o fio metódico da intuição. Considerando todos esses aspectos, devemos trazer para o primeiro plano de uma exposição a intuição como método rigoroso ou preciso.[3]

A questão metodológica mais geral é a seguinte: como pode a intuição, que designa antes de tudo um conhecimento imediato, formar um método, se se diz que o método implica essencialmente uma ou mais mediações? Bergson apresenta frequentemente a intuição *[3]* como um ato simples. Mas, segundo ele, a simplicidade não exclui uma multiplicidade qualitativa e virtual, direções diversas nas quais ela se atualiza. Neste sentido, a intuição implica uma pluralidade de acepções, pontos de vista múltiplos irredutíveis.[4] Bergson distingue essencialmente três espécies de atos, os quais determinam regras do método: a primeira espécie concerne à posição e à criação de problemas; a segunda, à descoberta de verdadeiras diferenças de natureza; a terceira, à apreensão do tempo real. É mostrando como se passa de um sentido a outro, e qual é "o sentido fundamental", que se deve reencontrar a simplicidade da intuição como ato vivido, podendo-se assim responder à questão metodológica geral.

\* \* \*

---

[3] Sobre o emprego da palavra *intuição* e sobre a gênese da noção nos *Données immédiates* e *Matière et mémoire*, pode-se consultar o livro de Léon Husson, *L'Intellectualisme de Bergson*, Paris, Presses Universitaires de France, 1947, pp. 6-10.

[4] *PM*, 1.274-5; 29-30.

*PRIMEIRA REGRA: Aplicar a prova do verdadeiro e do falso aos próprios problemas, denunciar os falsos problemas, reconciliar verdade e criação no nível dos problemas.*

Com efeito, cometemos o erro de acreditar que o verdadeiro e o falso concernem somente às soluções, que eles começam apenas com as soluções. Esse preconceito é social (pois a sociedade, e a linguagem que dela transmite as palavras de ordem, "dão"-nos problemas totalmente feitos, como que saídos de "cartões administrativos da cidade", e nos obrigam a "resolvê-los", deixando-nos uma delgada margem de liberdade). Mais ainda, o preconceito é infantil e escolar, pois o professor é quem "dá" os problemas, cabendo ao aluno a tarefa de descobrir-lhes a solução. Desse modo, somos mantidos numa espécie de escravidão. *[4]* A verdadeira liberdade está em um poder de decisão, de constituição dos próprios problemas: esse poder, "semidivino", implica tanto o esvaecimento de falsos problemas quanto o surgimento criador de verdadeiros. "A verdade é que se trata, em filosofia e mesmo alhures, de *encontrar* o problema e, por conseguinte, de *colocá-lo*, mais ainda do que resolvê-lo. Com efeito, um problema especulativo é resolvido desde que bem colocado. Ao dizer isso, entendo que sua solução existe nesse caso imediatamente, embora ela possa permanecer oculta e, por assim dizer, encoberta: só falta *des*cobri-la. Mas colocar o problema não é simplesmente descobrir, é inventar. A descoberta incide sobre o que já existe, atualmente ou virtualmente; portanto, cedo ou tarde ela seguramente vem. A invenção dá o ser ao que não era, podendo nunca ter vindo. Já em matemática, e com mais forte razão em metafísica, o esforço de invenção consiste mais frequentemente em suscitar o problema, em criar os termos nos quais ele se colocará. Colocação e solução do problema estão quase se equivalendo aqui: os verdadeiros grandes problemas são colocados apenas quando resolvidos."[5]

Não é somente toda a história da matemática que dá razão a Bergson. Cabe comparar a última frase do texto de Bergson com a fórmula de Marx, válida para a própria prática: "a humanidade coloca tão só os problemas que é capaz de resolver". Nos dois casos, não se trata de dizer que os problemas são como a sombra de soluções

---

[5] *PM*, 1.293; 51-2 (sobre o "estado semidivino", cf. 1.306; 68).

preexistentes (o contexto todo indica o contrário). Não se trata tampouco de dizer que só os problemas contam. *[5]* Ao contrário, é a solução que conta, mas o problema tem sempre a solução que ele merece em função da maneira pela qual é colocado, das condições sob as quais é determinado como problema, dos meios e dos termos de que se dispõe para colocá-lo. Nesse sentido, a história dos homens, tanto do ponto de vista da teoria quanto da prática, é a da constituição de problemas. É aí que eles fazem sua própria história, e a tomada de consciência dessa atividade é como a conquista da liberdade. (É verdade que, em Bergson, a noção de problema tem suas raízes para além da história, na própria vida e no impulso vital: é a vida que se determina essencialmente no ato de contornar obstáculos, de colocar e resolver um problema. A construção do organismo é, ao mesmo tempo, colocação de problema e solução.)[6]

Mas como conciliar com uma norma do verdadeiro esse poder de constituir problema? Se é relativamente fácil definir o verdadeiro e o falso em relação às soluções, parece muito mais difícil, uma vez colocado o problema, dizer em que consiste o verdadeiro e o falso, quando aplicados à própria colocação de problemas. A esse respeito, muitos filósofos parecem cair em um círculo: conscientes da necessidade de aplicar a prova do verdadeiro e do falso aos próprios problemas, para além das soluções, contentam-se eles em definir a verdade ou a falsidade de um problema pela sua possibilidade ou impossibilidade de receber uma solução. Ao contrário disso, o grande mérito de Bergson está em ter buscado uma determinação intrínseca do falso na expressão *[6]* "falso problema". Donde uma regra complementar da regra geral precedente.

*REGRA COMPLEMENTAR: Os falsos problemas são de dois tipos: "problemas inexistentes", que assim se definem porque seus próprios termos implicam uma confusão entre o "mais" e o "menos"; "problemas mal colocados", que assim se definem porque seus termos representam mistos mal analisados.*

Como exemplos do primeiro tipo, Bergson apresenta o problema do não-ser, o da desordem ou o do possível (problemas do conhe-

---

[6] Segundo Bergson, a categoria de *problema* tem uma importância biológica maior que aquela, negativa, de *necessidade*.

cimento e do ser); como exemplos do segundo tipo, apresenta o problema da liberdade ou o da intensidade.[7] Suas análises a esse respeito são célebres. No primeiro caso, elas consistem em mostrar que há *mais* e não *menos* na ideia de não-ser do que na de ser; na desordem do que na ordem; no possível do que no real. Na ideia de não-ser, com efeito, há a ideia de ser, mais uma operação lógica de negação generalizada, mais o motivo psicológico particular de tal operação (quando um ser não convém à nossa expectativa e o apreendemos somente como a falta, como a ausência daquilo que nos interessa). Na ideia de desordem já há a ideia de ordem, mais sua negação, mais o motivo dessa negação (quando encontramos uma ordem que não é aquela que esperávamos). Na ideia de possível há mais do que na ideia de real, "pois o possível é o real contendo, a mais, um ato do espírito *[7]*, que retrograda sua imagem no passado, assim que ele se produz", e o motivo desse ato (quando confundimos o surgimento de uma realidade no universo com uma sucessão de estados em um sistema fechado).[8]

Quando perguntamos "por que alguma coisa em vez de nada?", ou "por que ordem em vez de desordem?", ou "por que isto em vez daquilo (aquilo que era igualmente possível)?", caímos em um mesmo vício: tomamos o mais pelo menos, fazemos como se o não-ser preexistisse ao ser, a desordem à ordem, o possível à existência, como se o ser viesse preencher um vazio, como se a ordem viesse organizar uma desordem prévia, como se o real viesse realizar uma possibilidade primeira. O ser, a ordem ou o existente são a própria verdade; porém, no falso problema, há uma ilusão fundamental, um "movimento retrógrado do verdadeiro", graças ao qual supõe-se que o ser, a ordem e o existente precedam a si próprios ou precedam o ato criador que os constitui, pois, nesse movimento, eles retroprojetam uma imagem de si mesmos em uma possibilidade, em uma desordem, em um não-ser supostamente primordiais. Esse tema é essencial na filo-

---

[7] *PM*, 1.336; 105. A distribuição dos exemplos varia segundo os textos de Bergson. Isso não é de causar espanto, pois cada falso problema, como veremos, apresenta os dois aspectos em proporção variável. Sobre a liberdade e a falsidade como falsos problemas, cf. *PM*, 1.268; 20.

[8] *PM*, 1.339; 110. Sobre a crítica da desordem e do não-ser, cf. também *EC*, 683; 223 ss. e 730; 278 ss.

A intuição como método

sofia de Bergson: ele resume sua crítica do negativo e de todas as formas de negação como fontes de falsos problemas.

Os problemas mal colocados, o segundo tipo de falsos problemas, fazem intervir, parece, um mecanismo diferente: trata-se, desta vez, de mistos mal analisados, nos quais são arbitrariamente agrupadas coisas que *diferem por natureza*. Pergunta-se, por exemplo, se a felicidade se reduz ou não ao prazer; mas talvez o termo prazer subsuma estados muito diversos, *[8]* irredutíveis, assim como a ideia de felicidade. Se os termos não correspondem a "articulações naturais", então o problema é falso, não é concernente à "própria natureza das coisas".[9] Também nesse caso são célebres as análises de Bergson, quando ele denuncia a intensidade como sendo um tal misto: quando se confunde a qualidade da sensação com o espaço muscular que lhe corresponde ou com a quantidade da causa física que a produz, a noção de intensidade implica uma mistura impura entre determinações que diferem por natureza, de modo que a questão "quanto cresce a sensação?" remete sempre a um problema mal colocado.[10] O mesmo se dá com o problema da liberdade, quando se confundem dois tipos de "multiplicidade", a dos termos justapostos no espaço e a dos estados que se fundem na duração.

Retornemos ao primeiro tipo de falsos problemas. Nele, diz Bergson, toma-se o mais pelo menos. Mas ocorre a Bergson, igualmente, dizer que aí se toma o menos pelo mais: assim como a dúvida sobre uma ação só aparentemente se acrescenta à ação, mas dá, na realidade, testemunho de um semiquerer, também a negação tampouco se acrescenta ao *que ela nega*, mas dá tão somente testemunho de uma fraqueza *naquele que nega*. "Sentimos que uma vontade ou um pensamento divinamente criador, em sua imensidão de realidade, é demasiado pleno de si mesmo para que, nele, a ideia de uma falta de ordem ou de uma falta de ser possa tão só aflorar. Representar para si a possibilidade da desordem absoluta e, com mais forte razão, a do nada, seria para ele dizer a si que ele próprio teria podido totalmente não ser, o que seria uma fraqueza incompatível com sua natureza, que é *[9]* força [...] Não se trata do mais, mas do menos; trata-se de um

---

[9] *PM*, 1.293-4; 52-3.

[10] Cf. *DI*, cap. I.

déficit do querer."[11] — Haveria contradição entre as duas fórmulas, nas quais o não-ser é apresentado ora como um mais em relação ao ser, ora como um menos? Não há contradição, se se pensa que aquilo que Bergson denuncia nos problemas "inexistentes" é, *de toda maneira*, a mania de pensar em termos de mais e de menos. A ideia de desordem aparece quando, em vez de se ver que há duas ou várias ordens irredutíveis (por exemplo, a da vida e a do mecanismo, estando uma presente quando a outra não está), retém-se apenas uma ideia geral de ordem, contentando-se em opô-la à desordem e pensá-la em correlação com a ideia de desordem. A ideia de não-ser aparece quando, em vez de apreendermos as realidades diferentes que se substituem umas às outras indefinidamente, nós as confundimos na homogeneidade de um Ser em geral, que só se pode opor ao nada, reportar-se ao nada. A ideia de possível aparece quando, em vez de se apreender cada existente em sua novidade, relaciona-se o conjunto da existência a um elemento pré-formado, do qual tudo, supostamente, sairia por simples "realização".

Em resumo, toda vez que se pensa em termos de mais ou de menos, já foram negligenciadas diferenças de natureza entre as duas ordens ou entre os seres, entre os existentes. Por aí *se vê como o primeiro tipo de falsos problemas repousa em última instância sobre o segundo*: a ideia de desordem nasce de uma ideia geral de ordem como misto mal analisado etc. E o engano mais geral do pensamento, o engano comum à ciência e à metafísica, talvez seja conceber tudo em termos de [10] mais e de menos, e de ver apenas diferenças de grau ou diferenças de intensidade ali onde, mais profundamente, há diferenças de natureza.

Portanto, estamos tomados por uma ilusão fundamental, correspondente aos dois aspectos do falso problema. A própria noção de falso problema implica, com efeito, que não temos de lutar contra simples erros (falsas soluções), mas contra algo mais profundo: a ilusão que nos arrasta, ou na qual mergulhamos, inseparável de nossa condição. Miragem, como diz Bergson a propósito da retroprojeção do possível. Bergson lança mão de uma ideia de Kant, pronto para trans-

---

[11] *PM*, 1.304, 1.305; 66 [66, 67].

formá-la completamente: Kant foi quem mostrou que a razão, no mais profundo de si mesma, engendra não erros mas ilusões *inevitáveis*, das quais só se podia conjurar o efeito. Ainda que Bergson determine de modo totalmente distinto a natureza dos falsos problemas, ainda que a própria crítica kantiana pareça-lhe um conjunto de problemas mal colocados, ele trata a ilusão de uma maneira análoga à de Kant. A ilusão está fundada no mais profundo da inteligência e, propriamente falando, ela é indissipável, não pode ser dissipada, mas somente *recalcada*.[12] Temos a tendência de pensar em termos de mais e de menos, isto é, de ver diferenças de grau ali onde há diferenças de natureza. Só podemos reagir contra essa tendência intelectual suscitando, ainda *na* inteligência, uma outra tendência, crítica. Mas de onde vem, precisamente, essa segunda tendência? Só a intuição pode suscitá-la e animá-la, porque ela reencontra as diferenças de natureza sob as diferenças de grau e comunica *[11]* à inteligência os critérios que permitem distinguir os verdadeiros problemas e os falsos. Bergson mostra bem que a inteligência é a faculdade que coloca os problemas em geral (o instinto seria sobretudo uma faculdade de encontrar soluções).[13] Mas só a intuição decide acerca do verdadeiro e do falso nos problemas colocados, pronta para impelir a inteligência a voltar-se contra si mesma.

\* \* \*

*SEGUNDA REGRA: Lutar contra a ilusão, reencontrar as verdadeiras diferenças de natureza ou as articulações do real.*[14]

São célebres os dualismos bergsonianos: duração-espaço, qualidade-quantidade, heterogêneo-homogêneo, contínuo-descontínuo, as duas multiplicidades, memória-matéria, lembrança-percepção, contração-distensão, instinto-inteligência, as duas fontes etc. Mesmo os títulos que Bergson coloca no alto de cada página dos seus livros dão

---

[12] Cf. uma nota muito importante em *PM*, 1.306; 68.

[13] *EC*, 623; 152.

[14] As diferenças de natureza ou as articulações do real são termos e temas constantes na filosofia de Bergson: cf., notadamente, a Introdução de *PM*, *passim*. É nesse sentido que se pode falar de um platonismo de Bergson (método de divisão); ele gosta de citar um texto de Platão sobre o ato de trinchar e o bom cozinheiro. Cf. *EC*, 627; 157.

testemunho do seu gosto pelos dualismos — que, todavia, não configuram a última palavra de sua filosofia. Qual é, pois, seu sentido? Trata-se sempre, segundo Bergson, de dividir um misto segundo suas articulações naturais, isto é, em elementos que diferem por natureza. Como método, a intuição é um método de divisão, de espírito platônico. Bergson não ignora que as coisas, de fato, realmente se misturam; a própria experiência *[12]* só nos propicia mistos. Mas o mal não está nisso. Por exemplo, damo-nos do tempo uma representação penetrada de espaço. O deplorável é que não sabemos distinguir em tal *representação* os dois elementos componentes que diferem por natureza, as duas puras *presenças* da duração e da extensão. Misturamos tão bem a extensão e a duração que só podemos opor sua mistura a um princípio que se supõe ao mesmo tempo não espacial e não temporal, em relação ao qual espaço e tempo, extensão e duração vêm a ser tão somente degradações.[15] Ainda um outro exemplo: misturamos lembrança e percepção; mas não sabemos reconhecer o que cabe à percepção e o que cabe à lembrança; não mais distinguimos na representação as duas presenças puras da matéria e da memória, e somente vemos diferenças de grau entre percepções-lembranças e lembranças-percepções. Em resumo, medimos as misturas com uma unidade que é, ela própria, impura e já misturada. Perdemos a razão dos mistos. A obsessão pelo *puro*, em Bergson, retorna nessa restauração das diferenças de natureza. Só o que difere por natureza pode ser dito puro, mas só *tendências* diferem por natureza.[16] Trata-se, portanto, de dividir o misto de acordo com tendências qualitativas e qualificadas, isto é, de acordo com a maneira pela qual o misto combina a duração e a extensão definidas como movimentos, direções de movimentos (como a duração-contração e a matéria-distensão). A intuição, como método de divisão, guarda semelhança *[13]* ainda com uma análise transcendental: se o misto representa o fato, é preciso dividi-lo em tendências ou em puras presenças, que só existem de *direito*.[17] Ul-

---

[15] *EC*, 764; 318.

[16] Por exemplo, sobre a inteligência e o instinto, que compõem um misto do qual só se podem dissociar, em estado *puro*, tendências, cf. *EC*, 610; 137.

[17] Sobre a oposição "de fato-de direito", cf. *MM*, cap. I (notadamente 213; 68). E sobre a distinção "presença-representação", 185; 32.

trapassa-se a experiência em direção às condições da experiência (mas estas não são, à maneira kantiana, condições de toda experiência possível, e sim condições da experiência real).

É esse o motivo condutor do bergsonismo, seu *leitmotiv*: só se viram diferenças de grau ali onde havia diferenças de natureza. E, sob esse ponto, Bergson agrupa suas críticas principais, as mais diversas. Ele censurará a metafísica, essencialmente, por ter visto só diferenças de grau entre um tempo espacializado e uma eternidade supostamente primeira (o tempo como degradação, distensão ou diminuição do ser...): em uma escala de intensidade, todos os seres são definidos entre os dois limites, o de uma perfeição e o de um nada. Também à ciência ele fará uma censura análoga; e a única definição do *mecanicismo* é a que invoca ainda um tempo espacializado, em conformidade com o qual os seres só apresentam diferenças de grau, de posição, de dimensão, de proporção. Há mecanicismo até no evolucionismo, dado que este postula uma evolução unilinear e nos faz passar de uma organização viva a uma outra por simples intermediários, transições e variações de grau. Em tal ignorância das verdadeiras diferenças de natureza aparece toda sorte de falsos problemas e ilusões que nos abatem: desde o primeiro capítulo de *Matéria e memória*, Bergson mostra como o esquecimento das diferenças [14] de natureza, de um lado, entre a percepção e a afecção, e, de outro, entre a percepção e a lembrança, engendra toda sorte de falsos problemas, ao fazer-nos crer em um caráter inextenso de nossa percepção: "Encontrar-se-iam, nessa ideia de que projetamos fora de nós estados puramente internos, tantos mal-entendidos, tantas respostas defeituosas a questões mal colocadas...".[18]

Esse primeiro capítulo de *Matéria e memória* mostra mais do que qualquer outro texto a complexidade do manejo da intuição como método de divisão. Trata-se de dividir a representação em elementos que a condicionam, em puras presenças ou em tendências que diferem por natureza. Como procede Bergson? Primeiramente, ele pergunta se entre isto e aquilo pode (ou não pode) haver diferença de natureza. A primeira resposta é a seguinte: sendo o cérebro uma "imagem" entre outras imagens, ou sendo o que assegura certos movimentos entre

---

[18] *MM*, 197; 47.

outros movimentos, *não pode* haver diferença de natureza entre a faculdade do cérebro dita perceptiva e as funções reflexas da medula. Portanto, o cérebro não fabrica representações, mas somente complica a relação entre um movimento recolhido (excitação) e um movimento executado (resposta). Entre os dois, o cérebro estabelece um intervalo, um desvio, seja porque ele divide ao infinito o movimento recebido, seja porque ele o prolonga em uma pluralidade de reações possíveis. O fato de que lembranças se aproveitem desse intervalo, de que elas, propriamente falando, "se intercalem", isto em nada altera o caso. No momento, podemos eliminar as lembranças como participantes de outra "linha". Sobre a linha que estamos em vias de traçar, nós só *[15]* podemos ter matéria e movimento, movimento mais ou menos complicado, mais ou menos retardado. Toda a questão está em saber se já não temos também aí a percepção. Com efeito, em virtude do intervalo cerebral, um ser pode reter de um objeto material e das ações que dele emanam tão somente o que lhe interessa.[19] Desse modo, a percepção não é o objeto *mais* algo, mas o objeto *menos* algo, menos tudo o que não nos interessa. Isto equivale a dizer que o próprio objeto se confunde com uma percepção *pura* virtual, ao mesmo tempo que nossa percepção real se confunde com o objeto, do qual ela subtrai apenas o que não nos interessa. Donde a célebre tese de Bergson, da qual analisaremos todas as consequências: percebemos as coisas aí onde estão, a percepção nos coloca de súbito na matéria, é impessoal e coincide com o objeto percebido. Nesta linha, todo o método bergsoniano consistiu em procurar, primeiramente, os termos entre os quais *não poderia* haver diferença de natureza: não pode haver diferença de natureza, mas somente diferença de grau, entre a faculdade do cérebro e a função da medula, entre a percepção da matéria e a própria matéria.

Então, estamos em condições de traçar a segunda linha, a que difere por natureza da primeira. Para estabelecer a primeira, tínhamos

---

[19] *MM*, 186; 33: "Se os seres vivos constituem no universo 'centros de indeterminação', e se o grau dessa indeterminação se mede pelo número e pela elevação de suas funções, concebe-se que sua presença, por si só, possa equivaler à supressão de todas as partes dos objetos às quais suas funções não estão interessadas".

necessidade de *ficções*: tínhamos suposto que o corpo era como um puro ponto matemático no espaço, um puro instante, ou uma *[16]* sucessão de instantes no tempo. Mas essas ficções não eram simples hipóteses: elas consistiam em impelir para além da experiência uma direção destacada da própria experiência; é somente assim que podíamos extrair todo um lado das condições da experiência. Cabe-nos agora perguntar por aquilo que vem preencher o intervalo cerebral, por aquilo que dele se aproveita para encarnar-se. A resposta de Bergson será tríplice. Primeiramente, é a afetividade, que supõe, precisamente, que o corpo seja coisa distinta de um ponto matemático e dê a ela um volume no espaço. Em seguida, são as lembranças da memória, que ligam os instantes uns aos outros e intercalam o passado no presente. Finalmente, é ainda a memória, sob uma outra forma, sob forma de uma contração da matéria, que faz surgir a qualidade. (Portanto, é a memória que faz que o corpo seja coisa distinta de uma instantaneidade e que lhe dá uma duração no tempo.) Eis-nos, assim, em presença de uma nova linha, a da subjetividade, na qual se escalonam afetividade, memória-lembrança, memória-contração: cabe dizer que esses termos diferem por natureza daqueles da linha precedente (percepção-objeto-matéria).[20] Em resumo, a representação em geral se divide em duas direções que diferem por natureza, em duas puras presenças que não se deixam representar: a da percepção, que nos coloca *de súbito* na matéria; a da memória, que nos coloca de *súbito* no espírito. *[17]* Que as duas linhas se encontrem e se misturem ainda uma vez não é a questão. Essa mistura é nossa própria experiência, nossa representação. Mas todos os nossos falsos problemas vêm de não sabermos ultrapassar a experiência em direção às condições da experiência, em direção às articulações do real, e reencontrarmos o que difere por natureza nos mistos que nos são dados e dos quais vivemos.

[20] Não é necessário que a linha seja inteiramente homogênea, podendo ser uma linha quebrada. Assim, a afetividade se distingue por natureza da percepção, mas não da mesma maneira que a memória: ao passo que uma memória *pura* se opõe à percepção pura, a afetividade é sobretudo como que uma "impureza", que turva a percepção (cf. *MM*, 207; 60). Veremos mais tarde como a afetividade, a memória etc. designam aspectos muito diversos da subjetividade.

"Percepção e lembrança penetram-se sempre, trocam sempre entre si algo de suas substâncias, graças a um fenômeno de endosmose. O papel do psicólogo seria dissociá-los, restituir a cada um sua pureza natural; desse modo, seria esclarecido um bom número de dificuldades levantadas pela psicologia e talvez também pela metafísica. Mas não é o que acontece. Pretende-se que tais estados mistos, todos compostos em doses desiguais de percepção pura e de lembrança pura, sejam estados simples. Por isso, condenamo-nos a ignorar tanto a lembrança pura quanto a percepção pura, a conhecer tão somente um único gênero de fenômeno, que chamaremos ora de lembrança ora de percepção, conforme venha a predominar nele um ou outro desses dois aspectos, e, por conseguinte, a encontrar entre a percepção e a lembrança apenas uma diferença de grau, e não mais de natureza."[21]

A intuição nos leva a ultrapassar o estado da experiência em direção às condições da experiência. Mas essas condições não são gerais e nem abstratas; não são mais amplas do que o condicionado; são as condições da experiência real. Bergson fala em "buscar a experiência em sua fonte, ou melhor, acima dessa *viravolta* decisiva, na qual, inflectindo-se no sentido de nossa utilidade, ela se torna propriamente experiência [18] *humana*".[22] Acima da viravolta: é esse, precisamente, o ponto em que se descobrem enfim as diferenças de natureza. Mas há tantas dificuldades para atingir esse ponto focal que se devem multiplicar os atos da intuição, aparentemente contraditórios. É assim que Bergson nos fala ora de um movimento exatamente apropriado à experiência, ora de uma ampliação, ora de um estreitamento e de uma restrição. É que, primeiramente, a determinação de cada "linha" implica uma espécie de contração, na qual fatos aparentemente diversos encontram-se agrupados segundo suas afinidades naturais, comprimidos de acordo com sua articulação. Mas, por outro lado, nós impelimos cada linha para além da viravolta, até o ponto em que ela

---

[21] *MM*, 214; 69.
[22] *MM*, 321; 205.

ultrapassa nossa experiência: prodigiosa ampliação que nos força a pensar uma percepção pura idêntica a toda a matéria, uma memória pura idêntica à totalidade do passado. É nesse sentido que, muitas vezes, Bergson compara o procedimento da filosofia ao do cálculo infinitesimal: quando, na experiência, somos favorecidos por um pequeno vislumbre, que nos assinala uma linha de articulação, resta ainda prolongá-la para fora da experiência — assim como os matemáticos reconstituem, com os elementos infinitamente pequenos que eles percebem da curva real, "a forma da própria curva que, na obscuridade, se estende atrás deles".[23] De toda *[19]* maneira, Bergson não é um desses filósofos que atribuem à filosofia uma sabedoria e um equilíbrio propriamente humanos. Abrir-nos ao inumano e ao sobre-humano (*durações* inferiores ou superiores a nossa...), ultrapassar a condição humana, é este o sentido da filosofia, já que nossa condição nos condena a viver entre os mistos mal analisados e a sermos, nós próprios, um misto mal analisado.[24]

Mas essa ampliação, ou mesmo esse ultrapassamento, não consiste em ultrapassar a experiência em direção a conceitos, pois estes definem somente, à maneira kantiana, as condições de toda experiência possível em geral. Aqui, ao contrário, trata-se da experiência real em todas as suas particularidades. E, se é preciso ampliá-la, e mesmo ultrapassá-la, é somente para encontrar as articulações das quais essas particularidades dependem. Desse modo, as condições da experiência são menos determinadas em conceitos do que nos perceptos puros.[25] E, se tais perceptos se reúnem, eles mesmos, em um conceito,

---

[23] *MM*, 321; 206. Bergson, frequentemente, parece criticar a análise infinitesimal: por mais que esta reduza ao infinito os intervalos que considera, ela ainda se contenta em recompor o movimento com o espaço percorrido (por exemplo, *DI*, 79-80; 89). Porém, mais profundamente, Bergson exige que a metafísica, por sua conta, efetue uma revolução *análoga* a do cálculo em ciência: cf. *EC*, 773--86; 329-44. E a metafísica deve até mesmo inspirar-se na "ideia geradora de nossa matemática", para "operar diferenciações e integrações qualitativas" (*PM*, 1.423; 215).

[24] Cf. *PM*, 1.416; 206, e 1.425; 218: "A filosofia deveria ser um esforço para ultrapassar a condição humana". (O texto precedentemente citado, sobre *a viravolta da experiência*, é o comentário desta fórmula.)

[25] *PM*, 1.370; 148-9.

trata-se de um conceito talhado sobre a própria coisa, que convém somente a ela e que, nesse sentido, não é mais amplo do que aquilo de que ele deve dar conta. Com efeito, quando seguimos cada uma das "linhas" para além da viravolta da experiência, é também preciso reencontrar o ponto em que elas se cortam, o ponto em que as direções se cruzam e onde as tendências que diferem por natureza se reatam para engendrar a coisa tal como nós a conhecemos. Dir-se-á que nada é mais fácil e que a própria experiência *[20]* já nos dava esse ponto. A coisa não é tão simples. Após ter seguido linhas de divergência *para além da viravolta*, é preciso que estas se recortem não no ponto de que partimos, mas sobretudo em um ponto virtual, em uma imagem virtual do ponto de partida, ela própria situada para além da viravolta da experiência, e que nos propicia, enfim, a razão suficiente da coisa, a razão suficiente do misto, a razão suficiente do ponto de partida. Desse modo, a expressão "acima da viravolta decisiva" tem dois sentidos: primeiramente, ela designa o momento em que as linhas, partindo de um ponto comum confuso dado na experiência, divergem cada vez mais em conformidade com verdadeiras diferenças de natureza; em seguida, ela designa um outro momento, aquele em que essas linhas convergem de novo para nos dar dessa vez a imagem virtual ou a razão distinta do ponto comum. Viravolta e reviravolta. O dualismo, portanto, é apenas um momento que deve terminar na reformação de um monismo. Eis por que, depois da ampliação, advém um derradeiro estreitamento, assim como há integração após a diferenciação. "Falávamos outrora dessas linhas de fatos, cada uma das quais, por não ir suficientemente longe, fornece tão somente a direção da verdade: todavia, prolongando-se duas destas linhas até o ponto em que elas se cortam, atingir-se-á a própria verdade [...] Estimamos que este método de intersecção seja o único que pode levar definitivamente adiante a metafísica."[26] Portanto, há como que duas viravoltas sucessivas, e em sentido inverso, da experiência, o que constitui o que Bergson chama de *precisão* em filosofia.

*Donde uma REGRA COMPLEMENTAR da segunda regra: [21] o real não é somente o que se divide segundo articulações natu-*

---

[26] MR, 1.186; 263.

*rais ou diferenças de natureza*, mas é também o que se reúne segundo vias que convergem para um mesmo ponto ideal ou virtual.

A função particular dessa regra é mostrar como um problema, tendo sido bem colocado, tende por si mesmo a resolver-se. Por exemplo, ainda conforme o primeiro capítulo de *Matéria e memória*, colocamos bem o problema da memória quando, partindo do misto lembrança-percepção, dividimos esse misto em duas direções divergentes e dilatadas, que correspondem a uma verdadeira diferença de natureza entre a alma e o corpo, o espírito e a matéria. Mas só obtemos a solução do problema por estreitamento: quando apreendemos o ponto original no qual as duas direções divergentes convergem novamente, o ponto preciso no qual a lembrança se insere na percepção, o ponto virtual que é como que a reflexão e a razão do ponto de partida. Assim, o problema da alma e do corpo, da matéria e do espírito, só se resolve graças a um extremo estreitamento, a propósito do qual Bergson mostra como a linha da objetividade e a da subjetividade, a linha da observação externa e a da experiência interna, devem convergir ao final dos seus processos diferentes, até o caso da afasia.[27]

Do mesmo modo, Bergson mostra que o problema da imortalidade da alma tende a resolver-se pela convergência de duas linhas muito diferentes: precisamente a de uma experiência da memória e a de uma experiência totalmente distinta, mística.[28] Mais complexos ainda são os *[22]* problemas que se desatam no ponto de convergência de *três* linhas de fatos: é essa a natureza da consciência no primeiro capítulo de *A energia espiritual*. Assinale-se que esse método de intersecção forma um verdadeiro probabilismo: cada linha define uma probabilidade.[29] Mas trata-se de um probabilismo qualitativo, sendo as linhas de fato qualitativamente distintas. Em sua divergência, na desarticulação do real que operam segundo as diferenças de natureza, elas já constituem um empirismo superior, apto para colocar os problemas e para ultrapassar a experiência em direção às suas condições concretas. Em sua convergência, na intersecção do real a que procedem, as linhas definem agora um probabilismo superior, apto para

[27] *PM*, 1.315; 80.
[28] *MR*, 1.199-200; 280-1.
[29] *ES*, 817, 818; 4 e 835; 27.

resolver os problemas e relacionar a condição ao condicionado, de tal modo que já não subsista distância alguma entre eles.

\* \* \*

TERCEIRA REGRA: *Colocar os problemas e resolvê-los mais em função do tempo do que do espaço.*[30]

Essa regra dá o "sentido fundamental" da intuição: a intuição supõe a duração; ela consiste em pensar em termos de duração.[31] Só podemos compreendê-lo, retornando ao movimento da divisão determinante das diferenças de natureza. À primeira vista, pareceria que uma diferença de natureza se estabelecesse entre duas coisas ou sobretudo entre duas tendências. É verdade, mas é *[23]* verdade apenas superficialmente. Consideremos a divisão bergsoniana principal: a duração e o espaço. Todas as outras divisões, todos os outros dualismos a implicam, dela derivam ou nela terminam. Ora, não podemos nos contentar em simplesmente afirmar uma diferença de natureza entre a duração e o espaço. A divisão se faz entre a duração, que "tende", por sua vez, a assumir ou a ser portadora de todas as diferenças de natureza (pois ela é dotada do poder de variar qualitativamente em relação a si mesma), e o espaço, que só apresenta diferenças de grau (pois ele é homogeneidade quantitativa). Portanto, não há diferença de natureza entre as duas metades da divisão; a diferença de natureza está inteiramente de um lado. Quando dividimos alguma coisa conforme suas articulações naturais, temos, em proporções e figuras muito variáveis segundo o caso: de uma parte, o lado espaço, pelo qual a coisa só pode diferir em grau das outras coisas *e de si mesma* (aumento, diminuição); de outra parte, o lado duração, pelo qual a coisa difere por natureza de todas as outras *e de si mesma* (alteração).

Consideremos um pedaço de açúcar: há uma configuração espacial, mas sob esse aspecto nós só apreenderemos tão somente diferenças de grau entre esse açúcar e qualquer outra coisa. Contudo, há também uma duração, um ritmo de duração, uma maneira de ser no tem-

---

[30] Cf. *MM*, 218; 74: "As questões relativas ao sujeito e ao objeto, à sua distinção e à sua união, devem ser colocadas mais em função do tempo do que do espaço".

[31] *PM*, 1.275; 30.

po, que se revela pelo menos em parte no processo da dissolução, e que mostra como esse açúcar difere por natureza não só das outras coisas, mas primeiramente e sobretudo de si mesmo. Essa alteração se confunde com a essência ou a substância de uma coisa; é ela que nós apreendemos, quando a pensamos em termos de Duração. A esse respeito, a famosa fórmula de Bergson "devo *[24]* esperar que o açúcar se dissolva" tem um sentido ainda mais amplo do que aquele dado a ela pelo contexto.[32] Ela significa que minha própria duração, tal como eu a vivo, por exemplo, na impaciência das minhas esperas, serve de revelador para outras durações que pulsam com outros ritmos, que diferem por natureza da minha. E a duração é sempre o lugar e o meio das diferenças de natureza, sendo inclusive o conjunto e a multiplicidade delas, de modo que só há diferenças de natureza na duração — ao passo que o espaço é tão somente o lugar, o meio, o conjunto das diferenças de grau.

Talvez tenhamos o meio de resolver a questão metodológica mais geral. Quando elaborava seu método da divisão, Platão também se propunha dividir um misto em duas metades ou segundo várias linhas. Mas todo o problema era saber como se escolhia a boa metade: por que aquilo que nós buscávamos estava sobretudo de um lado e não de outro? Podia-se, portanto, censurar a divisão por não ser um verdadeiro método, pois faltava-lhe o "meio termo" e dependia ainda de uma inspiração. Parece que a dificuldade desaparece no bergsonismo, pois, dividindo o misto segundo duas tendências, das quais só uma apresenta a maneira pela qual uma coisa varia qualitativamente no tempo, Bergson dá efetivamente a si o meio de escolher em cada caso o "bom lado", o da essência. Em resumo, a intuição torna-se método, ou melhor, o método se reconcilia com o imediato. A intuição não é a própria duração. A intuição é sobretudo o movimento pelo qual saímos de nossa própria duração, o movimento pelo qual nós *[25]* nos servimos de nossa duração para afirmar e reconhecer imediatamente a existência de outras durações acima ou abaixo de nós. "Somente o método de que falamos permite ultrapassar o idealismo tanto quanto

---

[32] *EC*, 502; 10. No contexto, Bergson só atribui uma duração ao açúcar à medida que este participa do conjunto do universo. Veremos mais adiante o sentido desta restrição: cf. cap. 4.

o realismo, afirmar a existência de objetos inferiores e superiores a nós, conquanto sejam em certo sentido interiores a nós [...] Percebemos durações tão numerosas quanto queiramos, todas muito diferentes umas das outras" (as palavras *inferior* e *superior, com efeito*, não nos devem enganar, pois designam diferenças de natureza).[33] Sem a intuição como método, a duração permaneceria como simples experiência psicológica. Inversamente, sem a coincidência com a duração, a intuição não seria capaz de realizar o programa correspondente às regras precedentes: a determinação dos verdadeiros problemas ou das verdadeiras diferenças de natureza...

Retornemos, portanto, à ilusão dos falsos problemas. De onde vem ela e em que sentido é ela inevitável? Bergson põe em causa a ordem das necessidades, da ação e da sociedade, ordem que nos inclina a só reter das coisas o que nos interessa; a ordem da inteligência, em sua afinidade natural com o espaço; a ordem das ideias gerais, que vem recobrir as diferenças de natureza. Ou melhor, há ideias gerais muito diversas, que diferem entre si por natureza, umas remetendo a semelhanças objetivas nos corpos vivos, outras remetendo a identidades objetivas nos corpos inanimados, outras, finalmente, remetendo a exigências subjetivas nos objetos fabricados; mas estamos prontos para formar uma ideia geral de todas as ideias gerais, e a *[26]* dissolver as diferenças de natureza nesse elemento de generalidade.[34] — "Dissolvemos as diferenças qualitativas na homogeneidade do espaço que as subentende."[35] É verdade que esse conjunto de razões é ainda psicológico, inseparável de nossa condição. Devemos levar em conta razões mais profundas, pois, se a ideia de um espaço homogêneo implica uma espécie de artifício ou de símbolo que nos separa da realidade, nem por isso se pode esquecer que a matéria e a extensão são realidades que prefiguram a ordem do espaço. Como ilusão, o espaço não está fundado somente em nossa natureza, mas na natureza das coisas. A matéria é efetivamente o "lado" pelo qual as coisas tendem a apresentar entre si e a nós mesmos tão somente diferenças de grau.

---

[33] *PM*, 1.416, 1.417; 206-8.

[34] *PM*, 1.298-303; 58-64.

[35] *EC*, 679; 217.

A experiência nos propicia mistos; ora, o estado do misto não consiste apenas em reunir elementos que diferem por natureza, mas em reuni-los em condições tais que *não podemos* apreender nele essas diferenças de natureza constituintes. Em resumo, há um ponto de vista e, além disso, um estado de coisas em que as diferenças de natureza já não podem aparecer. O *movimento retrógrado* do verdadeiro não é somente uma ilusão *sobre* o verdadeiro, mas pertence *ao* próprio verdadeiro. Dividindo o misto "religião" em duas direções, religião estática e religião dinâmica, Bergson acrescenta: situando-nos em certo ponto de vista, "perceberíamos uma série de transições e algo assim como diferenças de grau ali onde, realmente, há uma radical diferença de natureza".[36]

A ilusão, portanto, não deriva somente de nossa natureza, [27] mas do mundo que habitamos, do lado do ser que nos aparece primeiramente. De certa maneira, entre o início e o fim de sua obra, Bergson evoluiu. Os dois pontos principais da sua evolução são os seguintes: a duração pareceu-lhe cada vez menos redutível a uma experiência psicológica, tornando-se a essência variável das coisas e fornecendo o tema de uma ontologia complexa. Mas, por outro lado e ao mesmo tempo, o espaço parecia-lhe cada vez menos redutível a uma ficção a nos separar dessa realidade psicológica para, também ele, ser fundado no ser e exprimir, deste, uma de suas duas vertentes, uma de suas duas direções. O absoluto, dirá Bergson, tem dois *lados*: o espírito, penetrado pela metafísica; a matéria, conhecida pela ciência.[37] Mas, precisamente, a ciência não é um conhecimento relativo, uma disciplina simbólica que seria tão somente apreciável por seus êxitos ou sua eficácia; a ciência diz respeito à ontologia, é uma das duas metades da ontologia. O Absoluto é diferença, mas a diferença tem duas faces, diferenças de grau e diferenças de natureza. Portanto, eis que, quando apreendemos simples diferenças de grau entre as coisas, quando a própria ciência nos convida a ver o mundo sob esse aspecto, estamos ainda em um absoluto ("a física moderna revela-nos cada vez melhor

---

[36] *MR*, 1.156; 225.

[37] Cf. *PM*, 1.278 ss.; 34 ss. (e 1.335; 104: A inteligência "toca então um dos lados do absoluto, assim como nossa consciência toca um outro [...]").

diferenças de número atrás das nossas distinções de qualidade").[38] Todavia, é uma ilusão. Mas só é uma ilusão na medida em que projetamos sobre a outra vertente a paisagem real da primeira. A ilusão só pode ser repelida *[28]* em função dessa outra vertente, a da duração, que nos propicia diferenças de natureza que *correspondem em última instância* às diferenças de proporção tal como aparecem no espaço e, antes, na matéria e na extensão.

\* \* \*

Portanto, é certo que a intuição forma um método, com suas três (ou cinco) regras. Trata-se de um método essencialmente *problematizante* (crítica de falsos problemas e invenção de verdadeiros), *diferenciante* (cortes e intersecções) e *temporalizante* (pensar em termos de duração). Mas falta determinar ainda como a intuição supõe a duração e como, em troca, ela dá à duração uma nova extensão do ponto de vista do ser e do conhecimento.

---

[38] *PM*, 1.300; 61.

# 2.
# A DURAÇÃO COMO DADO IMEDIATO
*[29]*

Supomos conhecida a descrição da duração como experiência psicológica, tal como aparece em *Os dados imediatos* e nas primeiras páginas de *A evolução criadora*: trata-se de uma "passagem", de uma "mudança", de um *devir*, mas de um devir que dura, de uma mudança que é a própria substância. Note-se que Bergson não encontra qualquer dificuldade em conciliar as duas características fundamentais da duração: continuidade e heterogeneidade.[1] Mas, assim definida, a duração não é somente experiência vivida; é também experiência ampliada, e mesmo ultrapassada; ela já é condição da experiência, pois o que esta propicia é sempre um misto de espaço e de duração. A duração pura apresenta-nos uma sucessão puramente interna, sem exterioridade; o espaço apresenta-nos uma exterioridade sem sucessão (com efeito, a memória do passado, a lembrança do que se passou no espaço já implicaria um espírito *[30]* que dura). Produz-se entre os dois uma mistura, na qual o espaço introduz a forma de suas distinções extrínsecas ou de seus "cortes" homogêneos *e* descontínuos, ao passo que a duração leva a essa mistura sua sucessão interna, heterogênea *e* contínua. Desse modo, somos capazes de "conservar" os estados instantâneos do espaço e de justapô-los em uma espécie de "espaço auxiliar"; mas também introduzimos distinções extrínsecas em nossa duração, decompomo-la em partes exteriores e a alinhamos em uma espécie de tempo homogêneo. Um tal misto (no qual o tempo se confunde com o espaço auxiliar) deve ser dividido. Mesmo antes de tomar consciência da intuição como método, Bergson acha-se diante da tarefa da divisão do misto. Tratar-se-ia já de dividi-lo segundo duas direções puras? Enquanto Bergson não levanta explicitamente o problema de uma origem ontológica do espaço, trata-se sobretudo de

---

[1] Sobre este ponto, cf. a excelente análise de André Robinet, *Bergson* (Paris, Seghers, 1965), pp. 28 ss.

dividir o misto em duas direções, das quais somente uma é pura (a duração), ao passo que a outra representa a impureza que a desnatura.[2] A duração será alcançada como "dado imediato", precisamente porque se confunde com o lado direito, o lado bom do misto.

O importante é que a decomposição do misto nos revela dois tipos de "multiplicidade". Uma delas é representada pelo espaço (ou melhor, se levarmos em conta todas as nuanças, pela mistura impura do tempo homogêneo): é uma multiplicidade de exterioridade, de simultaneidade, de justaposição, de ordem, de diferenciação [31] quantitativa, de *diferença de grau*, uma multiplicidade numérica, *descontínua e atual*. A outra se apresenta na duração pura: é uma multiplicidade interna, de sucessão, de fusão, de organização, de heterogeneidade, de discriminação qualitativa ou de *diferença de natureza*, uma multiplicidade *virtual e contínua*, irredutível ao número.[3]

\* \* \*

Parece-nos que não foi dada suficiente importância ao emprego da palavra "multiplicidade". De modo algum ela faz parte do vocabulário tradicional — sobretudo para designar um *continuum*. Não só veremos que ela é essencial do ponto de vista da elaboração do método, como ela já nos informa a respeito dos problemas que aparecem em Os *dados imediatos* e que se desenvolverão mais tarde. A palavra "multiplicidade" não aparece aí como um vago substantivo correspondente à bem conhecida noção filosófica de Múltiplo em geral. Com efeito, *não se trata, para Bergson, de opor o Múltiplo ao Uno, mas, ao contrário, de distinguir dois tipos de multiplicidade*. Ora, esse problema remonta a um cientista genial, Riemann, físico e matemático. Ele definia as coisas como "multiplicidades" determináveis em função de suas dimensões ou de suas variáveis independentes. Ele distinguia *multiplicidades discretas* e *multiplicidades contínuas*: as primeiras eram portadoras do princípio de sua métrica (sendo a medida de

---

[2] É verdade que, desde Os *dados imediatos*, Bergson indica o problema de uma gênese do conceito de *espaço* a partir de uma percepção da extensão: cf. 64--5; 71-2.

[3] *DI*, cap. II (e cap. III, 107; 122). O misto mal analisado, ou a confusão das duas multiplicidades, define, precisamente, a falsa noção de intensidade.

uma *[32]* de suas partes dada pelo número dos elementos que ela contém); as segundas encontravam um princípio métrico em outra coisa, mesmo que tão somente nos fenômenos que nelas se desenrolavam ou nas forças que nelas atuavam.[4] É evidente que, como filósofo, Bergson estava bem a par dos problemas gerais de Riemann. Não só seu interesse pela matemática bastaria para nos persuadir disso, mas, mais particularmente, *Duração e simultaneidade* é um livro no qual Bergson confronta sua própria doutrina com a da Relatividade, que depende estreitamente de Riemann. Se nossa hipótese tem fundamento, esse mesmo livro perde seu caráter duplamente insólito: com efeito, de um lado, ele não surge brutalmente e nem sem razão, mas traz à luz um confronto, mantido até então implícito, entre a interpretação riemanniana e a interpretação bergsoniana das multiplicidades contínuas; por outro lado, se Bergson renuncia a este livro e o denuncia, talvez seja porque julgue não poder perseguir a teoria das multiplicidades até suas implicações matemáticas. De fato, ele tinha mudado profundamente o sentido da distinção riemanniana. As multiplicidades contínuas pareciam-lhe pertencer essencialmente ao domínio da duração. Por isso, para Bergson, a duração não era simplesmente o indivisível ou o não mensurável, mas sobretudo o que só se divide mudando de natureza, o que só se deixa medir variando de princípio métrico a cada estágio da divisão. Bergson não se contentava *[33]* em opor uma visão filosófica da duração a uma concepção científica do espaço; ele transpunha o problema para o terreno das duas espécies de multiplicidade e pensava que a multiplicidade própria da duração tinha, por sua vez, uma "precisão" tão grande quanto a da ciência; mais ainda, ele pensava que ela devesse reagir sobre a ciência e abrir a esta uma via que não se confundia necessariamente com a de Riemann e de Einstein. Eis por que devemos atribuir uma grande importância à maneira pela qual Bergson, tomando a noção de multiplicidade, renova seu alcance e sua repartição.

---

[4] Sobre a teoria riemanniana das multiplicidades, cf. Bernhard Riemann, *Oeuvres mathématiques* (tr. fr.: Paris, Gauthier-Villars, 1898, "Sur les hypothèses qui servent de fondement à la géométrie"). E Hermann Weyl, *Temps, espace, matière*. — Também Husserl, se bem que em sentido totalmente distinto daquele de Bergson, se inspira na teoria riemanniana das multiplicidades.

Como se define a multiplicidade qualitativa e contínua da duração em oposição à multiplicidade quantitativa ou numérica? Uma passagem obscura de *Os dados imediatos* é ainda mais significativa a esse respeito, por anunciar os desenvolvimentos de *Matéria e memória*. A passagem distingue o subjetivo e o objetivo: "Chamamos subjetivo o que parece inteira e adequadamente conhecido, objetivo o que é conhecido de tal maneira que uma multidão sempre crescente de impressões novas poderia substituir a ideia que dele temos atualmente".[5] Atendo-nos a essas fórmulas, arriscamo-nos a cair em contrassensos, felizmente dissipados pelo contexto. Com efeito, Bergson precisa: um *objeto* pode ser dividido de uma infinidade de maneiras; ora, mesmo antes de tais divisões serem efetuadas, elas são apreendidas pelo pensamento como possíveis, sem que nada mude no aspecto total do objeto. Portanto, elas já são visíveis na imagem do objeto: mesmo que não realizadas (simplesmente possíveis), tais divisões são atualmente percebidas, pelo menos de direito. "Esta apercepção atual, e *[34]* não somente virtual, de subdivisões no indiviso é precisamente o que chamamos objetividade."* Bergson quer dizer que o objetivo é *o que não tem virtualidade* — realizado ou não, possível ou real, tudo é atual no objetivo. O primeiro capítulo de *Matéria e memória* desenvolverá esse tema de modo mais claro: a matéria não tem nem virtualidade nem potência oculta, pelo que podemos identificá-la com a "imagem"; sem dúvida, pode haver *mais* na matéria do que na imagem que dela fazemos, mas não pode haver nela outra coisa, algo de natureza distinta.[6] Em outro texto, Bergson felicita Berkeley por ter este identificado corpo e ideia, justamente porque a matéria "não tem interior, não tem algo abaixo de si [...] ela nada oculta, nada encerra [...] não possui nem potências nem virtualidades de espécie alguma [...] está exposta em superfície e se mantém toda inteira a todo instante no que expõe".[7]

Em resumo, chamaremos objeto, objetivo, não só o que se divide, mas o que não muda de natureza ao dividir-se. É, portanto, o que

[5] *DI*, 57; 62.
* [*DI*, 57; 63.]
[6] *MM*, 218-9; 75-6.
[7] *PM*, 1.353; 127.

se divide por diferenças de grau.[8] O que caracteriza o objeto é a adequação recíproca do dividido e das divisões, do número e da unidade. Nesse sentido, diz-se que o objeto é uma "multiplicidade numérica", pois o número e, em primeiro lugar, a própria unidade aritmética, são o modelo do que se divide sem mudar de natureza. Dizer que o número só tem diferenças de grau é o mesmo que dizer suas diferenças, realizadas *ou não*, são sempre atuais *[35]* nele.

"As unidades com as quais a aritmética forma números são unidades provisórias, suscetíveis de se fragmentarem indefinidamente, e cada uma delas constitui uma soma de quantidades fracionárias tão pequenas e tão numerosas quanto se queira imaginar [...] Se toda multiplicidade\* implica a possibilidade de tratar um número qualquer como uma unidade provisória que se acrescenta a si mesma, inversamente, as unidades são, por sua vez, verdadeiros números, tão grandes quanto se queira, mas que se considera como provisoriamente indecomponíveis para compô-los entre si. Ora, justamente porque se admite a possibilidade de dividir a unidade em tantas partes quanto se queira é que esta é considerada como extensa."[9]

Inversamente, o que é uma multiplicidade qualitativa? O que é o sujeito, ou o subjetivo? Bergson dá o seguinte exemplo: "Um sentimento complexo conterá um número bem grande de elementos mais simples; mas, enquanto esses elementos não se destacarem com uma nitidez perfeita, não se poderá dizer que eles estavam inteiramente realizados, e, desde que a consciência tenha deles uma percepção distinta, o estado psíquico que resulta de sua síntese terá, por isso mesmo, mudado".[10] (Por exemplo, um complexo de amor e de ódio se

---

[8] Cf. *MM*, 341; 231: "Enquanto se trata de espaço, pode-se levar a divisão tão longe quanto se queira; nada é assim mudado na natureza do que se divide...".

\* [Bergson diz "multiplicação". (N. do T.)]

[9] *DI*, 55-6; 60-1.

[10] *DI*, 57; 62.

atualiza na consciência, mas o ódio e o amor tornam-se conscientes em condições tais que eles diferem por natureza entre si, e diferem por natureza do complexo inconsciente.) Portanto, seria um grande erro acreditar que a duração fosse simplesmente o indivisível, embora Bergson, por comodidade, exprima-se frequentemente assim. Na *[36]* verdade, a duração divide-se e não para de dividir-se: eis por que ela é uma *multiplicidade*. Mas ela não se divide sem mudar de natureza; muda de natureza, dividindo-se: eis por que ela é uma multiplicidade não numérica, na qual, a cada estágio da divisão, pode-se falar de "indivisíveis". Há *outro* sem que haja *vários*; número somente em potência.[11] Em outros termos, o subjetivo, ou a duração, é o *virtual*. Mais precisamente, é o virtual à medida que se atualiza, que está em vias de atualizar-se, inseparável do movimento de sua atualização, pois a atualização se faz por diferenciação, por linhas divergentes, e cria pelo seu movimento próprio outras tantas diferenças de natureza. Tudo é atual em uma multiplicidade numérica: nesta, nem tudo está "realizado", mas tudo nela é atual, comportando ela relações apenas entre atuais e tão somente diferenças de grau. Ao contrário, uma multiplicidade não numérica, pela qual se define a duração ou a subjetividade, mergulha em outra dimensão, puramente temporal e não mais espacial: ela vai do virtual a sua atualização; ela se atualiza, criando linhas de diferenciação que correspondem a suas diferenças de natureza. Uma tal multiplicidade goza, essencialmente, de três propriedades: da continuidade, da heterogeneidade e da simplicidade. Verdadeiramente, aqui não há qualquer dificuldade para Bergson conciliar a heterogeneidade e a continuidade.

Esse texto de *Os dados imediatos*, no qual Bergson distingue o subjetivo e o objetivo, parece-nos ainda mais importante por ser o primeiro a introduzir indiretamente a noção de virtual, noção destinada a ganhar uma importância cada vez maior na filosofia *[37]* bergsoniana.[12] Com efeito, como veremos, o mesmo autor que recusa o con-

---

[11] *DI*, 81; 90.

[12] O objetivo, com efeito, se define por partes que são percebidas atualmente, não virtualmente (*DI*, 57; 63). Isso implica que o subjetivo, em troca, defina-se pela virtualidade de suas partes. Retornemos, então, ao texto: "Chamamos subjetivo o que parece inteira e adequadamente conhecido, objetivo o que é conheci-

ceito de *possibilidade* — reservando-lhe somente um uso em relação à matéria e aos "sistemas fechados", mas sempre vendo aí a fonte de toda espécie de falsos problemas — é também aquele que leva ao mais alto ponto a noção de *virtual*, e que funda sobre ela toda uma filosofia da memória e da vida.

Na noção de multiplicidade, o que é muito importante é a maneira pela qual ela se distingue de uma teoria do Uno e do Múltiplo. A noção de multiplicidade faz que evitemos pensar em termos de "Uno e Múltiplo". Em filosofia, conhecemos muitas *[38]* teorias que combinam o uno e o múltiplo. Elas têm em comum a pretensão de recompor o real com ideias gerais. Dizem-nos: o Eu é uno (tese), é múltiplo (antítese) e é, em seguida, a unidade do múltiplo (síntese). Ou, então, dizem-nos: o Uno já é múltiplo, o Ser passa ao não-ser e produz o devir. As páginas em que Bergson denuncia esse movimento do pensamento abstrato estão entre as mais belas de sua obra: ele tem a impressão de que se parte, em tal método *dialético*, de conceitos muito amplos, análogos a vestes muito folgadas.[13] O Uno em geral, o múl-

---

do de tal maneira que uma multidão sempre crescente de impressões novas poderia substituir a ideia que dele temos atualmente". Tomadas literalmente, essas definições são estranhas. Em virtude do contexto, seríamos até levados a invertê-las, pois não seria o objetivo (a matéria) que, sendo sem virtualidade, teria um ser semelhante ao seu "aparecer" e se encontraria, portanto, adequadamente conhecido? E não seria o subjetivo aquilo que se poderia sempre dividir em partes de natureza distinta, partes que ele só virtualmente conteria? Seríamos quase levados a acreditar em um erro de impressão. Mas os termos empregados por Bergson justificam-se de um outro ponto de vista. No caso da duração subjetiva, as divisões só valem se efetuadas, isto é, se atualizadas: "As partes de nossa duração coincidem com os momentos sucessivos do ato que a divide... e se nossa consciência pode, em um intervalo, desenredar determinado número de atos elementares, se ela interrompe a divisão em alguma parte, também aí se interrompe a divisibilidade" (*MM*, 341; 232). Portanto, pode-se dizer que a divisão nos dá adequadamente, em cada um dos seus níveis, a natureza indivisível da coisa, ao passo que, no caso da matéria objetiva, não há nem mesmo a necessidade de se efetuar a divisão. De antemão, sabemos que ela é possível sem qualquer mudança na natureza da coisa. Nesse sentido, se é verdade que o objeto não contém *outra coisa* além do que conhecemos, ele, entretanto, contém sempre *mais* (*MM*, 289; 164); portanto, ele não é adequadamente conhecido.

[13] *PM*, 1.408; 196-7.

A duração como dado imediato

tiplo em geral, o ser em geral, o não-ser em geral... compõe-se o real com abstratos; mas o que vale uma dialética que acredita poder reencontrar o real, quando compensa a insuficiência de um conceito muito amplo ou muito geral apelando ao conceito oposto, não menos amplo e geral? O concreto jamais será reencontrado, combinando-se a insuficiência de um conceito com a insuficiência do seu oposto; não se reencontra o singular, corrigindo-se uma generalidade por outra generalidade. — Ao dizer tudo isto, Bergson está pensando, evidentemente, em Hamelin, cujo *Essai sur les éléments principaux de la représentation* data de 1907. Mas é também a incompatibilidade do bergsonismo com o hegelianismo, e mesmo com todo método dialético, que se manifesta em tais páginas. Na dialética, Bergson reprova o *falso movimento*, isto é, um movimento do conceito abstrato, que só vai de um contrário ao outro à força de imprecisão.[14]

*[39]* Mais uma vez, Bergson reencontra acentos platônicos. Platão foi o primeiro a zombar daqueles que diziam: o Uno é múltiplo e o múltiplo é uno — o Ser é não-ser etc. Em cada caso, ele perguntava *quanto, como, onde e quando*. "Qual" unidade do múltiplo e "qual" múltiplo do uno?[15] A combinação dos opostos nada nos diz, formando uma rede tão frouxa que deixa tudo escapar. Às metáforas de Platão, das quais Bergson tanto gosta, referentes à arte do corte, à arte do bom cozinheiro, correspondem as do próprio Bergson, que invocam o bom alfaiate e as vestes feitas sob medida. É assim que deve ser o conceito preciso.

> "O que verdadeiramente importa à filosofia é saber *qual* unidade, *qual* multiplicidade, *qual* realidade superior ao uno e ao múltiplo abstratos é a unidade múltipla da pessoa [...] Os conceitos ocorrem ordinariamente aos pares e representam os dois contrários. Não há realidade concreta em relação à qual não se possa ter ao mesmo tempo duas visões opostas e que, por conseguinte, não se subsuma aos

---

[14] Em contextos muito diversos, a denúncia da dialética hegeliana como falso movimento, movimento abstrato, como incompreensão do movimento real, é um tema frequente em Kierkegaard, Feuerbach, Marx, Nietzsche.

[15] Cf. Platão, *Filebo*. [14 d; 18 a-b, por ex.]

dois conceitos antagonistas. Donde uma tese e uma antítese que se procuraria conciliar logicamente, mas em vão, pela razão muito simples de que jamais se fará uma coisa com conceitos, com pontos de vista [...] Se procuro *analisar* a duração, isto é, resolvê-la em conceitos já prontos, sou obrigado, pela própria natureza do conceito e da análise, a ter sobre *a duração em geral* duas visões opostas, com as quais, em seguida, procurarei recompô-la. Esta combinação não poderá apresentar nem uma diversidade de grau e nem uma variedade de formas: ela é ou não é. Direi, por exemplo, que há, de um lado, multiplicidade de estados *[40]* de consciência sucessivos e, por outro lado, uma unidade que os liga. A duração será a *síntese* dessa unidade e dessa multiplicidade, operação misteriosa, da qual não se vê, repito, como comportaria nuanças ou graus."[16]

Contra a dialética, contra uma concepção geral dos contrários (o Uno e o Múltiplo), o que Bergson pede é uma fina percepção da multiplicidade, uma fina percepção do "qual" e do "quanto", daquilo que ele denomina "nuança" ou número em potência. A duração opõe-se ao devir, precisamente porque ela é uma multiplicidade, um tipo de multiplicidade que não se deixa reduzir a uma combinação muito ampla em que os contrários, o Uno e o Múltiplo em geral, só coincidem com a condição de serem apreendidos no ponto extremo

---

[16] *PM*, 1.409, 1.416; 197, 207. Esse texto está próximo daquele em que Platão denuncia as facilidades da dialética. Vimos que o método bergsoniano de divisão é de inspiração platônica. O ponto comum entre Bergson e Platão é, com efeito, a procura de um procedimento capaz de determinar, em cada caso, a "medida", o "qual" e o "quanto". É verdade que Platão pensava que uma dialética afinada pudesse satisfazer tais exigências. Bergson, ao contrário, estima que a dialética em geral, inclusive a de Platão, vale somente para o começo da filosofia (e da história da filosofia): a dialética passa ao largo de um verdadeiro método de divisão, e pode segmentar o real tão somente segundo articulações totalmente formais ou verbais. Cf. *PM*, 1.321; 87: "Nada mais natural que a filosofia se tenha contentado inicialmente com isso e tenha começado como dialética pura. Ela não dispunha de outra coisa. Um Platão e um Aristóteles adotam, como segmentação da realidade, aquela que eles já encontram feita na linguagem...".

de sua generalização, esvaziados de toda "medida" e de toda substância real. Essa multiplicidade, que é a duração, de modo algum se confunde com o múltiplo, como tampouco sua simplicidade se confunde com o Uno.

Distinguem-se, frequentemente, duas formas do negativo: *[41]* o negativo de simples limitação e o negativo de oposição. Além disso, assegura-se que a substituição da primeira forma pela segunda, com Kant e os pós-kantianos, foi uma considerável revolução em filosofia. Mais notável ainda é que Bergson, em sua crítica do negativo, denuncia igualmente uma forma e outra. Parece-lhe que ambas implicam e dão testemunho de uma mesma insuficiência. Com efeito, se considerarmos noções negativas, como as de *desordem* e de *não-ser*, dará no mesmo concebê-las, a partir da ordem e do ser, como o limite de uma "degradação", no intervalo da qual todas as coisas estariam compreendidas (analiticamente), ou então, em oposição à ordem e ao ser, como forças que exerceriam sua potência e se combinariam com seu oposto para produzir (sinteticamente) todas as coisas. Desse modo, a crítica de Bergson é dupla, ao denunciar nas duas formas do negativo uma mesma ignorância das *diferenças de natureza*, diferenças que são substituídas, ora por "degradações", ora por oposições. O essencial do projeto de Bergson é pensar as diferenças de natureza independentemente de toda forma de negação: há diferenças no ser e, todavia, nada há de negativo. É que a negação implica sempre conceitos abstratos, demasiadamente gerais. Com efeito, qual é a raiz comum a toda negação? Já o vimos: em vez de partirmos de uma diferença de natureza entre duas ordens, de uma diferença de natureza entre dois seres, erigimos uma ideia geral de ordem ou de ser, que só podemos pensar em oposição a uma desordem geral, a um não-ser em geral, *ou então* colocamos a diferença como o ponto de partida de uma degradação que nos leva à desordem em geral, *[42]* ao não-ser em geral. Seja como for, negligenciamos a questão das diferenças de natureza: "qual" ordem, "qual" ser? Do mesmo modo, negligenciamos a diferença de natureza entre os dois tipos de multiplicidade; então, erigimos uma ideia geral de Uno, que combinamos com seu oposto, o Múltiplo em geral, para recompor todas as coisas do ponto de vista da força contrária do múltiplo ou da degradação do Uno. Na verdade, é a categoria de multiplicidade, com a diferença de natureza que ela implica entre dois tipos, que nos permite denunciar a mistificação de um pensamento que procede em termos de Uno e de Múltiplo. Portanto, vê-se como todos os aspectos críticos da filosofia bergsoniana participam de um mesmo tema: crítica do negativo de limitação, do negativo de oposição, das ideias gerais.

\* \* \*

"Submetendo à mesma análise o conceito de movimento [...]."[17] Com efeito, como experiência física, o movimento, ele próprio, é um misto: de uma parte, o espaço percorrido pelo móvel, que forma uma multiplicidade numérica indefinidamente divisível, da qual todas as partes, reais ou possíveis, são atuais e só diferem em grau; de outra parte, o movimento puro, que é *alteração*, multiplicidade virtual qualitativa, como a corrida de Aquiles, que se divide em passos, mas que muda de natureza toda vez que se divide.[18] Bergson descobre que, sob o traslado local, há *[43]* sempre um transporte de natureza outra. E aquilo que, visto de fora, aparece como uma parte numérica componente da corrida, é tão somente, visto de dentro, um obstáculo transposto.

Porém, ao duplicar a experiência psicológica da duração com a experiência física do movimento, um problema torna-se urgente. Do ponto de vista da experiência psicológica, a questão "as coisas exteriores duram?" permanecia indeterminada. Outrossim, em *Os dados imediatos*, Bergson invocava duas vezes uma "inexprimível", uma "incompreensível" razão. — "Que existe da duração fora de nós? Apenas o presente ou, se se quer, a simultaneidade. Sem dúvida, as coisas exteriores mudam, mas seus momentos só se sucedem para uma consciência que os rememore [...] Portanto, não é preciso dizer que as coisas exteriores duram, mas sobretudo que há nelas alguma inexprimível razão, em virtude da qual não poderíamos considerá-las em momentos sucessivos da nossa duração sem constatar que elas mudaram." — "Se as coisas não duram como nós, deve haver nelas, pelo menos, al-

---

[17] *DI*, 74; 82.

[18] Cf. um texto muito importante em *EC*, 757 ss.; 310 ss.: "Todo movimento é articulado interiormente" etc.

guma incompreensível razão que faz que os fenômenos pareçam suceder-se e não se desenrolarem todos ao mesmo tempo."[19]

Todavia, o livro *Os dados imediatos* já dispunha de uma análise do movimento. Mas este era posto sobretudo como um "fato de consciência", implicando um sujeito consciente e que dura, confundindo-se com a duração como experiência psicológica. Somente à medida que o movimento vem a ser apreendido como pertencente tanto às coisas quanto à consciência é que ele deixará *[44]* de ser confundido com a duração psicológica; é só então, sobretudo, que esta terá deslocado seu ponto de aplicação, com o que vem a ser necessária uma participação direta das coisas na própria duração. Se há qualidades nas coisas, não menos que na consciência, se há um movimento de qualidades fora de mim, é preciso que as coisas durem à sua maneira. É preciso que a duração psicológica seja tão somente um caso bem determinado, uma abertura a uma duração ontológica. É preciso que a ontologia seja possível, pois a duração, desde o início, era definida como uma multiplicidade. Essa multiplicidade não iria, graças ao movimento, confundir-se com o próprio ser? E, já que ela é dotada de propriedades muito especiais, em que sentido se dirá que há *várias* durações, em que sentido se dirá que há *uma só*, em que sentido se ultrapassará a alternativa ontológica um-vários? Ao mesmo tempo, um problema conexo adquire toda sua urgência. Se as coisas duram, ou se há duração nas coisas, é preciso que a questão do espaço seja retomada em novas bases, pois ele não será mais simplesmente uma forma de exterioridade, uma espécie de tela que desnatura a duração, uma impureza que vem turvar o puro, um relativo que se opõe ao absoluto; será preciso que ele próprio seja fundado nas coisas, nas relações entre as coisas e entre as durações, que também ele pertença ao absoluto, que ele tenha uma "pureza". Vai ser essa a dupla progressão da filosofia bergsoniana.

---

[19] *DI*, 148; 170 e 137; 157.

# 3.
# A MEMÓRIA COMO COEXISTÊNCIA VIRTUAL
*[45]*

Essencialmente, a duração é memória, consciência, liberdade. Ela é consciência e liberdade, porque é memória em primeiro lugar. Ora, essa identidade da memória com a própria duração é sempre apresentada por Bergson de duas maneiras: "conservação *e* acumulação do passado no presente". Ou então: "*seja* porque o presente encerra distintamente a imagem sempre crescente do passado, *seja* sobretudo porque ele, pela sua contínua mudança de qualidade, dá testemunho da carga cada vez mais pesada que alguém carrega em suas costas à medida que vai cada vez mais envelhecendo". Ou ainda, "a memória sob estas *duas formas*: por recobrir com uma capa de lembranças um fundo de percepção imediata; e por contrair também uma multiplicidade de momentos".[1] Com efeito, devemos exprimir de duas maneiras o modo pelo qual a duração se distingue de uma série descontínua de instantes que se repetiriam idênticos a si mesmos: de uma *[46]* parte, "o momento seguinte contém sempre, além do precedente, a lembrança do que este lhe deixou";[2] de outra parte, os dois momentos se contraem ou se condensam um no outro, pois um não desapareceu ainda quando o outro aparece. Há, portanto, duas memórias, ou dois aspectos da memória, indissoluvelmente ligados, a memória-lembrança e a memória-contração. (Se perguntarmos, finalmente, pela razão dessa dualidade na duração, nós a encontraremos sem dúvida em um movimento que estudaremos mais tarde, um movimento pelo qual o "presente" que dura se divide a cada "instante" em duas direções, uma

---

[1] *ES*, 818, 5. *PM*, 1.411; 201. *MM*, 184; 31. Fomos nós que sublinhamos em cada um destes textos. Não se deve confundir essas duas formas da memória com aquelas de que fala Bergson no início do cap. II de *MM* (225; 83); de modo algum se trata do mesmo princípio de distinção. Cf. p. 59, n. 35 *[66, n. 2]*.

[2] *PM*, 1.398; 183.

orientada e dilatada em direção ao passado, a outra contraída, contraindo-se em direção ao futuro.)

Mas a duração pura é, ela própria, o resultado de uma divisão de "direito". É certo dizer que a memória é idêntica à duração, que ela é coextensiva à duração, mas tal proposição vale mais de direito do que de fato. O problema particular da memória é este: como, por meio de qual mecanismo, a duração se torna memória de fato? Como se atualiza o que é de direito? Do mesmo modo, Bergson mostrará que a consciência é, de direito, coextensiva à vida; mas como, em que condições, a vida se torna, de fato, consciência de si?[3]

\* \* \*

Retomemos a análise do primeiro capítulo de *Matéria e memória*. Somos levados a distinguir cinco sentidos, ou cinco aspectos, da subjetividade: 1º a *subjetividade-necessidade*, momento da negação (a necessidade esburaca a continuidade das coisas e retém, do objeto, tudo o que lhe interessa, *[47]* deixando passar o resto); 2º a *subjetividade-cérebro*, momento do intervalo ou da indeterminação (o cérebro nos dá o meio de "escolher", no objeto, aquilo que corresponde às nossas necessidades; introduzindo um intervalo entre o movimento recebido e o movimento executado, o próprio cérebro é, de duas maneiras, escolha: porque, em si mesmo, em virtude de suas vias nervosas, ele divide ao infinito a excitação; e também porque, em relação às células motrizes da medula, ele nos deixa a escolha entre várias reações possíveis); 3º a *subjetividade-afecção*, momento da dor (pois a afecção é o tributo do cérebro, ou da percepção consciente; a percepção não reflete a ação possível, o cérebro não assegura o "intervalo", sem que certas partes orgânicas sejam destinadas à imobilidade de um papel puramente receptivo, que as expõe à dor); 4º a *subjetividade-lembrança*, primeiro aspecto da memória (sendo a lembrança aquilo que vem ocupar o intervalo, que vem encarnar-se ou atualizar-se no intervalo propriamente cerebral); 5º a *subjetividade-contração*, segundo aspecto da memória (sendo o corpo tanto um instante punctiforme no tempo quanto um ponto matemático no espaço, e

---

[3] Cf. *ES*, 820; 8.

assegurando uma contração de excitações sofridas, de onde nasce a qualidade).

Ora, esses cinco aspectos não se organizam somente em uma ordem de profundidade crescente, mas se *distribuem sobre duas linhas de fatos muito diferentes*. O primeiro capítulo de *Matéria e memória* tem o propósito de decompor um misto (a Representação) em duas direções divergentes: matéria e memória, percepção e lembrança, objetivo e subjetivo — cf. as duas multiplicidades de *Os dados imediatos*. Sobre os cinco aspectos da subjetividade, vemos que os dois primeiros participam evidentemente da linha objetiva, pois um se contenta em subtrair algo do [48] objeto e, o outro, em instaurar uma zona de indeterminação. O caso da afecção, terceiro sentido, é mais complexo; sem dúvida, depende do cruzamento das duas linhas. Mas a positividade da afecção, por sua vez, não é ainda a presença de uma pura subjetividade que se oporia à objetividade pura; é sobretudo a "impureza" que vem turvar esta.[4] — O que corresponde à linha pura da subjetividade é, portanto, o quarto sentido, assim como o quinto sentido. Só os dois aspectos da memória significam formalmente a subjetividade, ao passo que as outras acepções se contentam em preparar ou assegurar a inserção de uma linha na outra, o cruzamento de uma linha com a outra.

\* \* \*

A questão: onde as lembranças se conservam? implica um falso problema, isto é, um misto mal analisado. Procede-se como se as lembranças tivessem de se conservar em alguma parte, como se o cérebro, por exemplo, fosse capaz de conservá-las. Mas o cérebro está por inteiro na linha de objetividade: ele não pode ter qualquer diferença de natureza com os outros estados da matéria; tudo é movimento nele, como na percepção pura que ele determina. (Além disso, o termo *movimento* não deve, evidentemente, ser entendido como movimento que dura, mas, contrariamente, como um "corte instantâneo".)[5] A lembrança faz parte, ao contrário, da linha de subjetivi-

---

[4] Cf. *MM*, 206; 59.

[5] *MM*, 223; 81.

A memória como coexistência virtual

dade. É absurdo misturar as duas linhas, concebendo o cérebro como reservatório ou substrato das lembranças. Mais ainda, o exame *[49]* da segunda linha bastaria para mostrar que as lembranças só podem se conservar "na" duração. *Portanto, é em si que a lembrança se conserva.* "Damo-nos conta de que a experiência interna em estado puro, proporcionando-nos uma *substância* cuja essência é *durar* e, por conseguinte, prolongar incessantemente no presente um passado indestrutível, nos havia dispensado e até mesmo impedido de buscar onde a lembrança está conservada. Ela própria conserva a si mesma [...]."[6] Não temos, aliás, qualquer interesse em supor uma conservação do passado em outro lugar, no cérebro, por exemplo, do que em si mesmo; seria preciso que conferíssemos a um estado da matéria, ou mesmo à matéria inteira, esse poder de conservação que teríamos recusado à duração.[7]

Aproximamo-nos, aqui, de um dos aspectos mais profundos e, até mesmo, talvez, dos menos compreendidos do bergsonismo: a teoria da memória. Entre a matéria e a memória, entre a percepção pura e a lembrança pura, entre o presente e o passado, deve haver uma diferença de natureza, como entre as duas linhas distinguidas anteriormente. Se temos tanta dificuldade em pensar uma sobrevivência em si do passado, é porque acreditamos que o passado já não é, que ele deixou de ser. Confundimos, então, o Ser com o ser-presente. Todavia, o presente *não é*; ele seria sobretudo puro devir, sempre fora de si. Ele não é, mas age. Seu elemento próprio não é o ser, mas o ativo ou o útil. Do passado, ao contrário, é preciso dizer que ele deixou de agir ou de ser-útil. Mas ele *[50]* não deixou de ser. Inútil e inativo, impassível, ele *É*, no sentido pleno da palavra: ele se confunde com o ser em si. Não se trata de dizer que ele "era", pois ele é o em-si do ser e a forma sob a qual o ser se conserva em si (por oposição ao presente, que é a forma sob a qual o ser se consome e se põe fora de si). No limite, as determinações ordinárias se intercambiam: é do presente que é preciso dizer, a cada instante, que ele "era" e, do passado, é preciso dizer que ele "é", que ele é eternamente, o tempo todo. — É essa a

---

[6] *PM*, 1.315; 80.
[7] *MM*, 290; 165-6.

diferença de natureza entre o passado e o presente.[8] Mas esse primeiro aspecto da teoria bergsoniana perderia todo sentido se não destacássemos seu alcance extrapsicológico. O que Bergson denomina "lembrança pura" não tem qualquer existência psicológica. Eis porque ela é dita *virtual*, inativa e inconsciente. Todas essas palavras são perigosas, sobretudo a palavra "inconsciente", que, desde Freud, parece-nos inseparável de uma existência psicológica singularmente eficaz e ativa. Teríamos de confrontar o inconsciente freudiano e o inconsciente bergsoniano, pois que Bergson, ele próprio, faz a aproximação.[9] Entretanto, devemos compreender desde já que Bergson não emprega a palavra "inconsciente" para designar uma realidade psicológica fora da consciência, mas para designar uma realidade não psicológica — o ser tal como ele é em si. *[51]* Rigorosamente falando, o psicológico é o presente. Só o presente é "psicológico"; mas o passado é a ontologia pura, a lembrança pura, que tem significação tão somente ontológica.[10]

Citemos um texto admirável, no qual Bergson resume toda sua teoria: quando buscamos uma lembrança que nos escapa, "temos consciência de um ato *sui generis*, pelo qual nos destacamos do presente para nos colocarmos, inicialmente, no passado em geral, depois em certa região do passado: é um trabalho tateante, análogo à preparação de um aparelho fotográfico. Mas nossa lembrança permanece ainda em estado virtual; dispomo-nos, assim, a simplesmente recebê-la, adotando a atitude apropriada. Pouco a pouco, ela aparece como uma

---

[8] Todavia, em outra ocasião, Bergson afirmava que só havia uma diferença de grau entre o ser e o ser útil: com efeito, a percepção só se distingue do seu objeto porque ela retém dele tão somente o que nos é útil (cf. *MM*, cap. I); há *mais* no objeto do que na percepção, mas nada há nele que seja de outra natureza. — Mas, neste caso, o ser é somente o da matéria ou do objeto percebido; logo, é um *ser presente*, que só em grau se trata de distinguir do *útil*.

[9] *PM*, 1.316; 81.

[10] Esse aspecto é profundamente analisado por Jean Hyppolite, que denuncia as interpretações "psicologistas" de *Matéria e memória*: cf. "Du bergsonisme à l'existentialisme", *Mercure de France*, vol. 306, nº 1.031, jul. 1949; e "Aspects divers de la mémoire chez Bergson", *Revue Internationale de Philosophie*, nº 10, out. 1949.

nebulosidade que viria condensar-se; de virtual, ela passa ao estado atual [...]".[11] Também nesse caso, convém evitar uma interpretação muito psicológica do texto. É certo que Bergson fala em ato psicológico, mas, se esse ato é *sui generis*, é porque ele consiste em dar um verdadeiro *salto*. Instalamo-nos *de súbito* no passado, saltamos no passado como em um elemento próprio.[12] Assim como não percebemos as coisas em nós mesmos, mas ali onde elas estão, só apreendemos o passado ali onde ele está, em si mesmo, não em nós, em nosso presente. Há, portanto, um "passado em geral", que não é o passado particular de tal ou [52] qual presente, mas que é como que um elemento ontológico, um passado eterno e desde sempre, condição para a "passagem" de todo presente particular. É o passado em geral que torna possíveis todos os passados. Colocamo-nos inicialmente, diz Bergson, no passado em geral: o que ele assim descreve é *o salto na ontologia*. Saltamos realmente no ser, no ser em si, no ser em si do passado. Trata-se de sair da psicologia; trata-se de uma Memória imemorial ou ontológica. É somente em seguida, uma vez dado o salto, que a lembrança vai ganhar pouco a pouco uma existência psicológica: "de virtual, ela passa ao estado atual [...]". Fomos buscá-la ali onde ela está, no Ser impassível, e damos-lhe pouco a pouco uma encarnação, uma "psicologização".

Deve-se sublinhar o paralelismo de outros textos com esse. Com efeito, Bergson analisa a linguagem do mesmo modo como analisou a memória. A maneira pela qual compreendemos o que nos é dito é idêntica àquela pela qual buscamos uma lembrança. Longe de recompor o sentido a partir de sons ouvidos e de imagens associadas, *instalamo-nos de súbito* no elemento do sentido e, depois, em certa região desse elemento. Verdadeiro salto no Ser. É somente em seguida que o sentido se atualiza nos sons fisiologicamente percebidos e nas imagens psicologicamente associadas a esses sons. Há, nesse caso, como que uma transcendência do sentido e um fundamento ontológico da linguagem, que são, como veremos, tanto mais importantes por tratar-se de um autor que fez da linguagem uma crítica tida como

---

[11] *MM*, 276-7; 148.

[12] A expressão "de súbito" é frequente nos capítulos II e III de *MM*.

muito sumária.[13] *[53]* É preciso instalar-se de súbito no passado — como em um salto, em um pulo. Também nesse caso, a ideia de um "salto" quase kierkegaardiano é estranha em um filósofo conhecido por amar tanto a continuidade. Que significa essa ideia de um salto? Bergson não para de dizer: jamais vocês recomporão o passado com presentes, sejam quais forem eles — "a imagem pura e simples só me reportará ao passado se foi efetivamente no passado que fui buscá--la".[14] É verdade que o passado nos aparece como cunha entre dois presentes, o antigo presente que ele foi e o atual presente, em relação ao qual ele é passado. Donde duas falsas crenças: de um lado, acreditamos que o passado como tal só se constitui após ter sido presente; por outro lado, acreditamos que ele é, de algum modo, reconstituído pelo novo presente, do qual ele é agora passado. Essa dupla ilusão encontra-se no âmago de todas as teorias fisiológicas e psicológicas da memória. Sob sua influência, supõe-se que só haja uma diferença de grau entre a lembrança e a percepção. Instalamo-nos em um misto mal analisado. Esse misto é a imagem como realidade psicológica. Com efeito, a imagem retém algo das regiões nas quais fomos buscar a lembrança que ela atualiza ou que ela encarna; mas essa lembrança, precisamente, não é atualizada pela imagem sem que esta a adapte às exigências do presente, fazendo dela algo de presente. Assim, a diferença de natureza entre o presente e o passado, entre a percepção pura e a memória pura, é por nós substituída por simples diferenças de grau entre imagens-lembranças e percepções-imagens.

Temos, em demasia, o hábito de pensar em termos de "presente". Acreditamos que um presente só passa *[54]* quando um outro presente o substitui. Reflitamos, porém: como adviria um novo presente, se o antigo presente não passasse ao mesmo tempo em que *é* presente? Como um presente qualquer passaria, se ele não fosse passado *ao mesmo tempo* que presente? O passado jamais se constituiria, se ele já não *tivesse se* constituído inicialmente, ao mesmo tempo em que foi presente. Há aí como que uma posição fundamental do tempo, e também o mais profundo paradoxo da memória: o passado

---

[13] *MM*, 261; 129: "O ouvinte coloca-se de súbito entre as ideias correspondentes...".

[14] *MM*, 278; 150.

é "contemporâneo" do presente que ele *foi*. Se o passado tivesse que aguardar para já não ser, se ele não fosse "passado em geral", desde já e agora que se passou, ele jamais poderia vir a ser o que é, ele jamais seria *este* passado. Se ele não se constituísse imediatamente, ele não poderia ser depois reconstituído a partir de um presente ulterior. O passado jamais se constituiria se ele não coexistisse com o presente do qual ele é o passado.[15] O passado e o presente não designam dois momentos sucessivos, mas dois elementos que coexistem: um, que é o presente e que não para de passar; o outro, que é o passado e que não para de ser, mas pelo qual todos os presentes passam. É nesse sentido que há um passado puro, uma espécie de "passado em geral": o passado não segue o presente, mas, ao contrário, é suposto por este como a condição pura sem a qual este não passaria. Em outros termos, cada presente remete a si mesmo como passado. Uma tese como esta *[55]* só tem como equivalente a tese da Reminiscência, de Platão. Também esta afirma um ser puro do passado, um ser em si do passado, uma Memória ontológica capaz de servir de fundamento ao desenrolar do tempo. Uma vez mais se faz sentir, profundamente, uma inspiração platônica em Bergson.[16]

A ideia de uma contemporaneidade do presente e do passado tem uma última consequência. O passado não só coexiste com o presente que ele foi, mas — como ele se conserva em si (ao passo que o presente passa) — é o passado inteiro, integral, é *todo* o nosso passado que coexiste com cada presente. A célebre metáfora do cone representa

---

[15] Cf. *ES*, 913, 914; 130, 131: "Para nós, *a formação da lembrança nunca é posterior à da percepção; ela é contemporânea desta* [...] supomos, com efeito, que a lembrança não se cria ao longo da própria percepção: pergunto em que momento ela nascerá [...] Quanto mais refletirmos nisto, menos compreenderemos que a lembrança possa nascer se ela não se criar ao mesmo tempo que a própria percepção [...]".

[16] É este também o ponto que comportaria uma comparação entre Bergson e Proust. Suas concepções do tempo são extremamente diferentes, mas ambos admitem uma espécie de passado puro, um ser em si do passado. É verdade que, segundo Proust, este ser em si pode ser vivido, experimentado a favor de uma coincidência entre dois instantes do tempo. Mas, de acordo com Bergson, a lembrança pura ou o passado puro não são do domínio do vivido: mesmo na *paramnésia* vivemos tão somente uma imagem-lembrança.

esse estado completo de coexistência. Mas um tal estado implica, enfim, que figure no próprio passado toda sorte de níveis em profundidade, marcando todos os intervalos nessa coexistência.[17] O passado AB coexiste com o presente S, mas comportando em si todos os pares A'B', A"B" etc., que medem os graus de uma aproximação ou de um distanciamento puramente ideais em relação a S. Cada um desses pares é, ele próprio, *virtual*, pertencente ao ser em si do passado.[18] Cada um desses pares, ou cada um desses níveis, compreende não tais ou quais elementos do passado, mas sempre a totalidade do passado. Ele simplesmente *[56]* compreende essa totalidade em um nível mais ou menos dilatado, mais ou menos contraído. Eis, portanto, o ponto exato em que a Memória-contração inscreve-se na Memória-lembrança e, de algum modo, assegura-lhe a continuidade. Donde, precisamente, esta consequência: a duração bergsoniana define-se, finalmente, menos pela sucessão do que pela coexistência.

Em *Os dados imediatos*, a duração define-se, realmente, pela sucessão, sendo que as coexistências remetem ao espaço — e, pela potência de novidade, a repetição remete à Matéria. Porém, mais profundamente, só de modo relativo a duração é sucessão (vimos também que só relativamente ela é indivisível). A duração é certamente sucessão real, mas ela só é isso porque, mais profundamente, ela é *coexistência virtual*: coexistência consigo de todos os níveis, de todas as tensões, de todos os graus de contração e de distensão. Além disso, com a coexistência é preciso reintroduzir a repetição na duração. Repetição "psíquica" de um tipo totalmente distinto da repetição "física" da matéria. Repetição de "planos", em vez de ser uma repetição de elementos sobre um só e mesmo plano. Repetição virtual, em vez de ser atual. Todo nosso passado se lança e se retoma de uma só vez, repete-se *ao mesmo tempo* em todos os níveis que ele traça.[19] Retornemos ao "salto" que damos quando, procurando uma lembrança, instalamo-nos de súbito no passado. Bergson precisa: recolocamo-nos,

---

[17] A metáfora do cone foi primeiramente introduzida em *MM*, 293; 169; as seções do cone aparecem em *MM*, 302; 181.

[18] *MM*, 371; 272.

[19] Sobre essa *repetição metafísica*, cf. *MM*, 250; 115 e 302; 181.

"primeiramente, no passado em geral, depois em uma certa região do passado". Não se trata de uma região que conteria tais elementos do passado, tais lembranças, em oposição *[57]* a uma outra região, que conteria outros elementos e lembranças. Trata-se de níveis distintos, cada um deles contendo todo nosso passado, mas em um estado mais ou menos contraído. É nesse sentido que há regiões do próprio Ser, regiões ontológicas do passado "em geral", todas coexistentes, todas "repetindo-se" umas as outras.

Veremos como essa doutrina relança todos os problemas do bergsonismo. Por enquanto, basta resumir as quatro grandes proposições que formam outros tantos paradoxos: 1° colocamo-nos de súbito, de um salto, no elemento ontológico do passado (paradoxo do salto); 2° há uma diferença de natureza entre o presente e o passado (paradoxo do Ser); 3° o passado não sucede ao presente que ele foi, mas coexiste com ele (paradoxo da contemporaneidade); 4° o que coexiste com cada presente é todo o passado, integralmente, em níveis diversos de contração e de distensão (paradoxo da repetição psíquica). — Esses paradoxos se encadeiam; cada um exige os outros. Inversamente, as proposições que eles denunciam também formam um conjunto característico das teorias ordinárias da memória. Com efeito, é uma só e mesma ilusão sobre a essência do Tempo, um mesmo misto mal analisado, o que nos leva a acreditar: que podemos recompor o passado com o presente; que passamos gradualmente de um ao outro; que um e outro se distinguem pelo antes e pelo depois; e que o trabalho do espírito se faz por adjunção de elementos (em vez de se fazer por mudanças de níveis, verdadeiros saltos, remanejamentos de sistemas).[20]

\* \* \*

[20] Cf. *MM*, 249-50; 114. Bergson mostra muito bem como acreditamos necessariamente que o passado *sucede* ao presente desde que, entre os dois, estabeleçamos apenas uma *diferença de grau*: cf. *ES*, 914; 132 ("Definindo-se a percepção por um estado forte e a lembrança por um estado fraco, a lembrança de uma percepção só pode ser, então, uma percepção enfraquecida; neste caso, para registrar uma percepção no inconsciente, a memória teve de esperar que a percepção adormecesse em lembrança. Eis por que julgamos que a lembrança de uma percepção não poderia ser criada com tal percepção e nem desenvolver-se ao mesmo tempo que ela").

*[58]* Eis agora nosso problema: como vai a lembrança pura adquirir uma existência psicológica? — como vai esse puro virtual atualizar-se? Impõe-se a pergunta, pois um apelo parte do presente, de acordo com exigências ou necessidades da situação presente. Damos o "salto": instalamo-nos não só no elemento do passado em geral, mas em tal ou qual região, isto é, em tal ou qual nível, que, em uma espécie de Reminiscência, supomos corresponder às nossas necessidades atuais. Cada nível, com efeito, compreende a totalidade do nosso passado, mas em um estado mais ou menos contraído. Bergson acrescenta: há também lembranças dominantes, que são como *pontos notáveis*, variáveis de um nível a outro.[21] Uma palavra inglesa é pronunciada diante de mim: em virtude da situação, não é a mesma coisa ter de me perguntar qual pode ser a língua em geral da qual faz parte essa palavra, ou perguntar que pessoa me disse anteriormente essa palavra ou uma semelhante. Conforme o caso, não salto na mesma região do passado, não me instalo no mesmo nível, não solicito as mesmas dominantes. Pode ocorrer que eu fracasse: buscando uma lembrança, instalo-me em um nível muito contraído, muito estreito ou, ao contrário, muito amplo e dilatado para ela. Terei de refazer tudo para encontrar o justo salto. — Insistamos *[59]* nisto: essa análise, que parece comportar uma grande fineza psicológica, tem, realmente, um sentido totalmente distinto. Ela incide sobre nossa afinidade com o ser, sobre nossa relação com o Ser e sobre a variedade dessa relação. A consciência psicológica não nasceu ainda. Ela vai nascer, mas justamente por encontrar aqui suas condições propriamente ontológicas.

Diante de textos extremamente difíceis, a tarefa do comentador é multiplicar as distinções, mesmo e sobretudo quando tais textos contentam-se em sugeri-las mais do que em estabelecê-las formalmente. Em primeiro lugar, não devemos confundir a invocação à lembrança com a "evocação da imagem". A invocação à lembrança é esse salto pelo qual instalo-me no virtual, no passado, em certa região do passado, em tal ou qual nível de contração. Acreditamos que essa invocação exprima a dimensão propriamente ontológica do homem, ou melhor, da memória. "Mas nossa lembrança permanece ainda em es-

---

[21] *MM*, 309-10; 190.

tado virtual..."[22] Quando, ao contrário, falamos de revivescência, de evocação da imagem, trata-se de algo totalmente distinto: uma vez que nos tenhamos instalado em determinado nível, no qual jazem as lembranças, então, e somente então, estas tendem a se atualizar. Sob a invocação do presente, as lembranças já não têm a ineficácia, a impassibilidade que as caracterizavam como lembranças puras; elas se tornam imagens-lembranças, passíveis de serem "evocadas". Elas se atualizam ou se encarnam. Essa atualização tem toda sorte de aspectos, de etapas e de graus distintos.[23] Mas, através dessas etapas e desses graus, é a atualização (e somente ela) que constitui a consciência [60] psicológica. De qualquer maneira, vê-se a revolução bergsoniana: não vamos do presente ao passado, da percepção à lembrança, mas do passado ao presente, da lembrança à percepção.

"A memória integral responde à invocação de um estado presente por meio de dois movimentos simultâneos: um de *translação*, pelo qual ela se põe inteira diante da experiência e, assim, *se contrai* mais ou menos, sem dividir-se, em vista da ação; o outro, de *rotação* sobre si mesma, pelo qual ela *se orienta* em direção à situação do momento para apresentar-lhe a face mais útil."[24] Já se tem aí, portanto, dois aspectos da atualização: a contração-translação e a orientação-rotação. Nossa questão é a seguinte: seria possível confundir essa contração-translação com a contração variável das regiões e níveis do passado, de que falávamos há pouco? O contexto em que se insere essa frase de Bergson parece convidar-nos a dar uma resposta afirmativa, pois é aí constantemente lembrada a contração-translação a propósito dos cortes do cone, isto é, dos níveis do passado.[25] Todavia, razões de toda sorte nos persuadem de que, embora haja, evidentemente, uma relação entre as duas contrações, estas não são de modo algum confundidas. — Quando Bergson fala em níveis ou regiões do passado, esses níveis são tão virtuais quanto o passado em geral; mais ainda, cada um deles contém todo o passado, mas em um estado mais ou

---

[22] *MM*, 277; 148.

[23] *MM*, 274-5; 145.

[24] *MM*, 307-8; 188 (sublinhado por nós).

[25] É o que acontece no próprio texto que acabamos de citar.

menos contraído, em torno de certas lembranças dominantes variáveis. A contração maior ou menor exprime, pois, a diferença de um nível a outro. — Quando Bergson, ao contrário, fala em translação, trata-se de um *[61]* movimento necessário na atualização de uma lembrança apanhada em tal ou qual nível. Aqui, a contração já não mais exprime a diferença ontológica entre dois níveis virtuais, mas o movimento pelo qual a lembrança se atualiza (psicologicamente), *ao mesmo tempo* em que se atualiza o nível que lhe é próprio.[26]

Seria um contrassenso, com efeito, acreditar que uma lembrança, para atualizar-se, devesse passar por níveis cada vez mais contraídos, a fim de aproximar-se do presente como ponto de contração supremo ou vértice do cone. Seria uma interpretação insustentável, por várias razões. Na metáfora do cone, um nível até mesmo muito contraído, demasiado próximo do vértice, não deixa de apresentar, enquanto não está atualizado, uma verdadeira diferença de natureza com esse vértice, isto é, com o presente. E, sobretudo para atualizar uma lembrança, não temos de mudar de nível; se devêssemos fazê-lo, a operação da memória seria impossível, pois cada lembrança tem seu nível, que lhe é próprio, sendo ela mais desmembrada ou espargida nas regiões mais amplas e mais delgada e confundida nas regiões mais estreitas. Se fosse preciso passar de um nível a outro para atualizar cada lembrança, então cada lembrança perderia, portanto, sua individualidade. Eis por que o movimento de translação é um movimento pelo qual a lembrança se atualiza ao mesmo tempo que seu *[62]* nível: há contração, porque a lembrança, tornando-se imagem, entra em "coalescência" com o presente. Ela passa, portanto, por "planos de consciência" que a efetuam. Mas de modo algum a lembrança passa por níveis intermediários (que a impediriam, precisamente, de efetuar-se). Donde a necessidade de não confundir os *planos de consciência*, através dos quais a lembrança se atualiza, e *as regiões, os cortes ou*

---

[26] Com efeito, o nível deve ser atualizado, tanto quanto a lembrança de que ele é portador. Cf. *MM*, 371; 272: "Estes planos não são dados, aliás, como coisas já prontas, superpostas umas às outras. Eles, sobretudo, existem virtualmente; têm uma existência que é própria das coisas do espírito. A inteligência, movendo-se a todo momento ao longo do intervalo que os separa, reencontra-os ou, sobretudo, cria-os de novo sem cessar [...]".

*os níveis do passado*, de acordo com os quais varia o estado da lembrança, sempre virtual. Donde a necessidade de distinguir a contração ontológica intensiva, em que todos os níveis coexistem virtualmente, contraídos ou distendidos, e a contração psicológica, translativa, pela qual cada lembrança, em seu nível (por mais distendido que seja), deve passar para atualizar-se e tornar-se imagem.

Mas, por outro lado, diz Bergson, há a rotação. Em seu processo de atualização, a lembrança não se contenta em operar essa translação que a une ao presente; ela opera também a rotação sobre si mesma para apresentar, nessa união, sua "face útil". Bergson não precisa a natureza dessa rotação. Devemos fazer hipóteses a partir de outros textos. — No movimento de translação, portanto, é todo um nível do passado que se atualiza, ao mesmo tempo que determinada lembrança. Desse modo, o nível todo acha-se contraído em uma representação indivisa, que já não é uma lembrança pura, mas que não é ainda, propriamente falando, uma imagem. Eis por que Bergson precisa que, desse ponto de vista, não há divisão ainda.[27] Sem dúvida, a lembrança tem sua individualidade. Mas como é que tomamos consciência dela, como a distinguimos na região que se atualiza com ela? Partimos dessa representação *[63]* não dividida (que Bergson denominará "esquema dinâmico"), na qual todas as lembranças em vias de atualização estão em uma relação de penetração recíproca, e a desenvolvemos em imagens distintas, exteriores umas às outras, que correspondem a tal ou qual lembrança.[28] Também aí Bergson fala de uma sucessão de "planos de consciência". Mas o movimento não é mais aquele de uma contração indivisa; é, ao contrário, o de uma divisão, de um desenvolvimento, de uma expansão. A lembrança só pode ser dita atualizada quando se torna imagem. É então, com efeito, que ela en-

---

[27] *MM*, 308; 188 ("sem se dividir...").

[28] *ES*, 936, 938; 161, 163. Daí a metáfora da pirâmide para figurar o esquema dinâmico: "Descer-se-á de novo do vértice da pirâmide em direção à base [...]". É claro, aqui, que a pirâmide é muito diferente do cone e designa um movimento totalmente distinto, orientado de maneira totalmente distinta. Todavia, em outro texto (*ES*, 886; 95), Bergson evoca a pirâmide como sinônimo do cone; a razão disto está na ambiguidade assinalada acima [p. 54, n. 25, onde se lê: "É o que acontece no próprio texto que acabamos de citar"].

tra não só em "coalescência", mas em uma espécie de *circuito* com o presente, a imagem-lembrança, que remete à imagem-percepção, e inversamente.[29] Daí a metáfora precedente da "rotação", que prepara essa entrada em circuito.

Eis, portanto, dois movimentos de atualização, um de contração, um de expansão. Vemos bem que eles correspondem singularmente aos níveis múltiplos do cone, uns contraídos, outros distendidos. Com efeito, que sucede a uma criatura que se contenta em sonhar? Sendo o sono como que uma situação presente, que só tem como exigência o repouso, nenhum outro interesse que o "desinteresse", tudo se passa como se a contração faltasse, como se a relação extremamente distendida da lembrança com o presente reproduzisse [64] o mais distendido nível do próprio passado. Inversamente, o que sucederia com um autômato? Tudo se passaria como se a dispersão se tornasse impossível, como se a distensão das imagens não mais se efetuasse e que só subsistisse o mais contraído nível do passado.[30] Há, portanto, uma estreita analogia entre os diferentes níveis do cone e os aspectos de atualização para cada nível. *É inevitável que estes venham recobrir aqueles* (donde a ambiguidade assinalada antes). Todavia, não devemos confundi-los, porque o primeiro tema é concernente às variações virtuais da lembrança em si, ao passo que o outro, a lembrança para nós, é concernente à atualização da lembrança em imagem-lembrança.

Qual é o quadro comum entre a lembrança em vias de atualização (a lembrança tornando-se imagem) e a imagem-percepção? Esse quadro comum é o movimento. Além disso, é na relação da imagem com o movimento, na maneira pela qual a imagem se prolonga em movimento, que se devem encontrar os últimos momentos da atualização: "para se atualizarem, as lembranças têm necessidade de um coadjuvante motor".[31] Também aí esse coadjuvante é duplo. — Primeiramente, a percepção se prolonga naturalmente em movimento; uma tendência motora, um *esquema motor* opera uma decomposição

---

[29] *MM*, 249-50; 114-5.

[30] Sobre estes dois extremos, *MM*, 294; 170.

[31] *MM*, 265; 133 e 245; 18: "a última fase da realização da lembrança [...] a fase da ação".

do percebido em função da utilidade.[32] Por si só essa relação *[65]* percepção-movimento bastaria para definir um reconhecimento puramente automático, sem intervenção de lembranças (ou, se se prefere, uma memória instantânea, inteiramente residente nos mecanismos motores). As lembranças, todavia, intervêm efetivamente, pois, à medida que as imagens-lembranças se assemelham à percepção atual, elas se prolongam necessariamente nos movimentos que correspondem à percepção e se fazem "adotar" por ela.[33]

Suponhamos agora que haja uma perturbação dessa articulação percepção-movimento, uma *perturbação mecânica* do esquema motor: o reconhecimento se torna impossível (embora um outro tipo de reconhecimento subsista, como se vê em doentes que descrevem muito bem um objeto que se lhes nomeie, mas que não sabem "servir-se" dele; ou, então, que repetem corretamente o que se lhes diz, mas que não sabem falar espontaneamente). O doente não sabe mais orientar-se, desenhar, isto é, decompor um objeto de acordo com tendências motrizes; sua percepção provoca movimentos difusos. Todavia, as lembranças aí estão. Mais ainda: elas continuam a ser evocadas, a se encarnarem em imagens distintas, isto é, a sofrer a translação e a rotação que caracterizam os primeiros momentos da atualização. O que falta, portanto, é o último momento, a derradeira *fase*, a da ação. Como os movimentos concomitantes da percepção estão desorganizados, a imagem-lembrança também permanece tão inútil, tão ineficaz quanto uma lembrança pura, e já não pode prolongar-se em ação. Eis aí o primeiro fato importante: casos de *[66]* cegueira e de surdez psíquicas ou verbais.[34]

Passemos ao segundo tipo de relação percepção-movimento, que define as condições de um reconhecimento atento. Não se trata de movimentos que "prolongam nossa percepção para tirar dela efeitos úteis", e que decompõem o objeto em função de nossas necessidades,

---

[32] Cf. *MM*, 238, 240; 100, 102; 242, 244; 107 e 255-6; 121-2. Convém, sobretudo, não confundir o *esquema motor* com o *esquema dinâmico*: ambos intervêm na atualização, mas em fases totalmente diferentes, sendo um puramente sensório-motor e, o outro, psicológico e mnemônico.

[33] *MM*, 241; 104.

[34] Cf. *MM*, 252-3; 118-9.

mas de movimentos que renunciam ao efeito, que nos *reconduzem* ao objeto para restituir-lhe o detalhe e a integralidade. Então, as imagens-lembranças, análogas à percepção presente, desempenham um papel "preponderante e não mais acessório", regular e não mais acidental.[35] Suponhamos que esse segundo tipo de movimento seja perturbado (*perturbação dinâmica*, e não mais mecânica, das funções sensório-motoras).[36] Pode ser que o reconhecimento automático permaneça, mas o que certamente parece ter desaparecido é a própria lembrança. Por serem tais casos os mais frequentes, eles inspiraram a concepção tradicional da afasia como desaparecimento das lembranças armazenadas no cérebro. Eis todo o problema de Bergson: o que desapareceu exatamente?

Primeira hipótese: teria sido a lembrança pura? Não, evidentemente, pois a lembrança pura não é de natureza *[67]* psicológica e é imperecível. Segunda hipótese: teria sido a capacidade de evocar a lembrança, isto é, de atualizá-la em uma imagem-lembrança? É certo que Bergson, às vezes, exprime-se assim.[37] Todavia, a coisa é mais complicada, pois os dois primeiros aspectos da atualização (translação e rotação) dependem de uma atitude psíquica e os dois últimos aspectos (os dois tipos de movimento) dependem da sensório-motricidade e de atitudes do corpo. Quaisquer que sejam a solidariedade e a complementaridade dessas duas dimensões, uma não pode anular completamente a outra. Quando são atingidos apenas os movimentos do reconhecimento automático (perturbações mecânicas da sensório-motricidade), a lembrança não deixa de manter integralmente sua atua-

---

[35] *MM*, 244; 107. Há, pois, duas formas de reconhecimento, uma automática, outra atenta, às quais correspondem duas formas de memória, uma motriz e "quase instantânea", a outra representativa e que dura. Não se deve, sobretudo, misturar esta distinção — que se faz do ponto de vista da atualização da lembrança — com uma outra distinção totalmente distinta, que se faz do ponto de vista da Memória em si (memória-lembrança e memória-contração).

[36] Sobre os dois tipos de perturbações, cf. três textos essenciais: *MM*, 245; 108, 253; 118 e 314; 196 (é neste último texto que Bergson distingue as perturbações mecânicas e as dinâmicas).

[37] Cf. *MM*, 253; 119 ("a própria evocação das lembranças é impedida"); e também 245; 108.

lização psíquica; ela conserva seu "aspecto normal", mas já não pode prolongar-se em movimento quando se torna impossível o estágio corporal da sua atualização. Quando os movimentos do reconhecimento atento são atingidos (perturbações dinâmicas da sensório-motricidade), a atualização psíquica é, sem dúvida, muito mais comprometida do que no caso precedente — pois, aqui, a atitude corporal é realmente uma condição da atitude mental. Todavia, também nesse caso, Bergson sustenta que lembrança alguma é "subtraída". Há somente "ruptura de equilíbrio".[38] Talvez seja preciso compreender que os dois aspectos psíquicos da atualização subsistem, mas são como que dissociados por falta de uma atitude corporal em que eles pudessem inserir-se e combinar-se. *[68]* Então, ao mesmo tempo que a translação, a contração se faria; mas faltaria o movimento complementar da rotação, de modo que não haveria qualquer imagem-lembrança distinta (ou, pelo menos, toda uma categoria de imagens-lembranças permaneceria abolida). Ou, então, ao contrário, a rotação se faria, imagens distintas se formariam, mas destacadas da memória e renunciando à sua solidariedade com as outras. Em todo caso, não basta dizer que, segundo Bergson, a lembrança pura se conserva sempre; é preciso também dizer que a doença jamais abole a imagem-lembrança como tal, mas somente compromete tal ou qual *aspecto* da sua atualização.

Eis, portanto, quatro aspectos da atualização: a translação e a rotação, que formam os momentos propriamente psíquicos; o movimento dinâmico, atitude do corpo necessária ao bom equilíbrio das duas determinações precedentes; finalmente, o movimento mecânico, o esquema motor, que representa o último estágio da atualização. Trata-se, em tudo isso, da adaptação do passado ao presente, da utilização do passado em função do presente — daquilo que Bergson chama de "atenção à vida". O primeiro momento assegura um ponto de encontro do passado com o presente: literalmente, o passado dirige-se ao presente para encontrar um ponto de contato (ou de contração) com ele. O segundo momento assegura uma transposição, uma tradução, uma expansão do passado no presente: as imagens-lembranças restituem no presente as distinções do passado, pelo menos as que são úteis. O terceiro momento, a atitude dinâmica do corpo, assegu-

---

[38] *MM*, 314; 196.

ra a harmonia dos dois momentos precedentes, corrigindo um pelo outro e levando-os ao seu termo. O quarto momento, o movimento mecânico do corpo, assegura a utilidade própria do conjunto *[69]* e seu rendimento no presente. — Mas, precisamente, essa utilidade e esse rendimento seriam nulos se não se juntasse aos quatro momentos uma condição que vale para todos. Vimos que a lembrança pura é contemporânea do presente que ela *foi*. Em vias de se atualizar, a lembrança tende, portanto, a atualizar-se em uma imagem que é, ela própria, contemporânea desse presente. Ora, é evidente que uma tal imagem-lembrança, uma tal "lembrança do presente", seria completamente inútil, pois só viria duplicar a imagem-percepção. É preciso que a lembrança se encarne, não em função do seu próprio presente (do qual ela é contemporânea), mas em função de um novo presente, em relação ao qual ela é agora passado. Essa condição é normalmente realizada pela própria natureza do presente, que não para de passar, de ir adiante e de cavar um intervalo. Eis, portanto, o quinto aspecto da atualização: uma espécie de deslocamento, pelo qual o passado só se encarna em função de um outro presente que não aquele que ele foi (a perturbação correspondente a esse último aspecto seria a *paramnésia*, na qual se atualizaria a "lembrança do presente" como tal).[39]

\* \* \*

É assim que se define um inconsciente psicológico, distinto do inconsciente ontológico. Este corresponde à lembrança pura, virtual, impassível, inativa, *em si*. O inconsciente psicológico representa o movimento da lembrança em vias de atualizar-se: então, assim como os possíveis leibnizianos, as lembranças tendem a se encarnar, fazem pressão para serem *[70]* recebidas — de modo que é preciso todo um recalque saído do presente e da "atenção à vida" para rechaçar aquelas que são inúteis ou perigosas.[40] Não há qualquer contradição entre essas duas descrições de dois inconscientes distintos. Mais ainda, o livro todo *Matéria e memória* é um jogo entre os dois, com consequências que devemos ainda analisar.

---

[39] *ES*, 925, 928; 146, 150.
[40] *ES*, 896; 107.

A memória como coexistência virtual

# 4.
# UMA OU VÁRIAS DURAÇÕES?
*[71]*

O método bergsoniano apresentava dois aspectos principais, sendo um dualista e o outro monista: devia-se, primeiramente, seguir as linhas divergentes ou as diferenças de natureza para além da "viravolta da experiência"; depois, ainda mais para além, devia-se reencontrar o ponto de convergência dessas linhas e restaurar os direitos de um novo monismo.[1] Esse programa encontra-se efetivamente realizado em *Matéria e memória*. — Primeiramente, com efeito, destacamos a diferença de natureza entre as duas linhas, de objeto e de sujeito: entre a percepção e a lembrança, a matéria e a memória, o presente e o passado. — O que é que ocorre em seguida? Sem dúvida, quando a lembrança se atualiza, ocorre que sua diferença de natureza em relação à percepção tende a apagar-se: há somente, e só pode haver, diferenças de grau entre as imagens-lembranças e as percepções-imagens.[2] Por isso mesmo, quando nos falta o método da intuição, permanecemos forçosamente prisioneiros de um misto *[72]* psicológico mal analisado, no qual não se podem discernir as diferenças de natureza originais.

Porém, é claro que não dispomos ainda, nesse nível, de um verdadeiro ponto de unidade. O ponto de unidade deve dar conta do misto *pelo outro lado* da viravolta da experiência, se não confundir com ele na experiência. Com efeito, Bergson não se contenta em di-

---

[1] Cf. acima, pp. 20-3 *[17-20]*.

[2] *MM*, 225; 83: "Passa-se, por graus insensíveis, de lembranças dispostas ao longo do tempo, aos movimentos que desenham sua ação nascente ou possível no espaço [...]" — 266; 135: "Há aí um progresso contínuo [...] Em momento algum pode-se dizer com precisão que a ideia ou que a imagem-lembrança acaba, que a imagem-lembrança ou que a sensação começa". — 270; 140: "À medida que essas lembranças tomam a forma de uma representação mais completa, mais concreta e mais consciente, elas tendem cada vez mais a se confundirem com a percepção que as atrai ou cujo quadro elas adotam".

zer que entre a imagem-lembrança e a percepção-imagem há mais do que diferenças de grau. Ele também apresenta uma proposição ontológica muito mais importante: *se o passado coexiste com seu próprio presente, e se ele coexiste consigo em diversos níveis de contração, devemos reconhecer que o próprio presente é somente o mais contraído nível do passado*. Neste caso, são o presente puro e o passado puro, a percepção pura e a lembrança pura como tais, a matéria e a memória puras que têm tão somente diferenças de distensão e de contração, reencontrando, assim, uma unidade ontológica. Descobrindo, no fundo da memória-lembrança, uma memória-contração mais profunda, fundamos, portanto, a possibilidade de um novo *monismo*. Nossa percepção contrai, a cada instante, "uma incalculável multidão de elementos rememorados"; a cada instante, nosso presente contrai infinitamente nosso passado: "os dois termos que tínhamos separado inicialmente vão soldar-se intimamente [...]".[3] Com efeito, o que é uma sensação? É a operação de contrair em uma superfície receptiva trilhões de vibrações. Delas sai a qualidade *[73]*, e esta é tão somente a quantidade contraída. Assim, a noção de contração (ou de tensão) nos dá o meio de ultrapassar a dualidade quantidade homogênea-qualidade heterogênea, e nos permite passar de uma à outra em um movimento contínuo. Mas, inversamente, se é verdade que nosso presente, pelo qual nos inserimos na matéria, é o grau mais contraído do nosso passado, a própria matéria será como que um passado infinitamente dilatado, distendido (tão distendido que o momento precedente desaparece quando o seguinte aparece). Eis que agora é a ideia de distensão — ou de extensão — que vai transpor a dualidade do inextenso e do extenso e nos propiciar o meio de passar de um ao outro. Com efeito, a própria percepção é extensa e a sensação é extensiva, dado que o que ela contrai é precisamente algo de extenso, é precisamente algo de distendido (ela nos permite dispor do espaço "na exata proporção" em que dispomos do tempo).[4]

Daí a importância de *Matéria e memória*: o movimento é atribuído às próprias coisas, de modo que as coisas materiais participam

[3] *MM*, 292; 168.

[4] Sobre o ultrapassamento dos dois dualismos, 1º quantidade-qualidade, 2º extenso-inextenso, cf. *MM*, cap. I e IV.

diretamente da duração, formam um caso limite de duração. Há superação de *Os dados imediatos*: o movimento está tanto fora de mim quanto em mim; e o próprio Eu [Moi], por sua vez, é tão somente um caso entre outros na duração.[5] Mas, então, colocam-se problemas de toda sorte. Devemos distinguir aqui dois principais.

1º Não haveria contradição entre os dois momentos do método, entre o dualismo das diferenças de *[74]* natureza e o monismo da contração-distensão? É que, em nome do primeiro, denunciamos as filosofias que se atinham às diferenças de *grau*, de *intensidade*. Mais ainda, eram denunciadas as falsas noções de grau, de intensidade, assim como de contrariedade ou de negação, fontes de todos os falsos problemas. Ora, Bergson não estaria agora em vias de restaurar tudo o que ele havia abalado? Quais diferenças pode haver entre a distensão e a contração que não as de grau, de intensidade? O presente é tão somente o grau mais contraído do passado; a matéria, o grau mais distendido do presente (*mens momentanea*).[6] Se procurarmos corrigir o que há de excessivamente "gradual" aqui, só poderemos fazê-lo reintroduzindo na duração toda a contrariedade, toda a oposição, que Bergson havia denunciado como outras tantas concepções abstratas e inadequadas. Não se terá escapado da matéria como degradação da duração a não ser para cair em uma matéria-"inversão" da duração.[7] Como fica o projeto bergsoniano de mostrar que a Dife-

---

[5] Sobre o movimento, pertencente tanto às coisas quanto ao Eu [*Moi*], cf. *MM*, 331; 219 e 340; 230.

[6] *Reintrodução do tema dos graus e das intensidades*: cf. *MM*, cap. IV, *passim*, e 355; 250: "Entre a matéria bruta e o espírito mais capaz de reflexão, há todas as intensidades possíveis da memória, há, o que quer dizer a mesma coisa, todos os graus da liberdade". — *EC*, 665; 201: "Nosso sentimento da duração, quero dizer, a coincidência do nosso eu [moi] consigo mesmo, admite graus". E já *DI*, 156; 180: "É que passamos por graus insensíveis da duração concreta, cujos elementos se penetram, à duração simbólica, cujos momentos se justapõem, e da atividade livre, por conseguinte, ao automatismo consciente".

[7] *Reintrodução do tema do negativo*, ao mesmo tempo como limitação e como oposição: cf. *EC*, 571 ss., 90 ss. (a matéria é ao mesmo tempo limitação do movimento e obstáculo ao movimento, "é uma negação, mais do que uma realidade positiva"). — 666; 202 (a matéria como "inversão", "interversão", "inter-

rença, como diferença de natureza, podia *[75]* e devia ser compreendida independentemente do *negativo* (negativo de degradação tanto quanto o negativo de oposição)? A pior contradição parece instalar-se no coração do sistema. Tudo é reintroduzido: os graus, a intensidade, a oposição.

2° Mesmo supondo resolvido esse problema, podemos falar em monismo reencontrado? Em certo sentido, sim, dado que tudo é duração. Porém, dado que a duração se dissipa em todas essas diferenças de grau, de intensidade, de distensão e de contração que a afetam, caímos também em uma espécie de pluralismo quantitativo sobretudo. Daí a importância desta questão: a duração é uma ou várias, e em que sentido? Transpusemos verdadeiramente o dualismo ou o diluímos em um pluralismo? É por essa questão que devemos começar.

\* \* \*

Ora, a esse respeito, os textos de Bergson parecem extremamente variáveis. Os de *Matéria e memória* vão mais longe na afirmação de uma pluralidade radical das durações: o universo é feito de modificações, perturbações, mudanças de tensão e de energia, e nada além disso. Sem dúvida, Bergson fala de uma pluralidade de *ritmos* de duração; mas, no contexto, a propósito das durações mais ou menos lentas ou rápidas, ele precisa que cada duração é um absoluto e que cada ritmo é, ele próprio, uma duração.[8] Em um texto essencial, de 1903, ele insiste no progresso alcançado desde *[76] Os dados imediatos*: a duração psicológica, nossa duração, é tão somente um caso entre outros, em uma infinidade de outros, "uma certa e bem determinada tensão, cuja própria determinação aparece como uma escolha entre uma infinidade de durações possíveis".[9] Eis que, conforme *Matéria e*

rupção"...). Porém, tais textos são vizinhos daqueles em que Bergson recusa toda noção de negativo.

[8] Cf. *MM*: sobre as modificações e perturbações, 337; 226; — sobre os ritmos irredutíveis, 342; 232-233; — sobre o caráter absoluto das diferenças, 331--2; 219.

[9] *PM*, 1.416, 1.419; 207, 209 [206, 209] (as duas citações subsequentes são extraídas desse mesmo texto, que é muito importante para toda a filosofia de Bergson).

*memória*, a psicologia é tão somente uma abertura à ontologia, trampolim para uma "instalação" no Ser. Mas, apenas instalados, percebemos que o Ser é múltiplo, que a duração é muito numerosa, estando a nossa encravada entre durações mais dispersas e durações mais tensas, mais intensas: "Percebemos então numerosas durações, tantas quanto queiramos, todas muito diferentes umas das outras [...]". A ideia de uma coexistência virtual de todos os níveis do passado, de todos os níveis de tensão, é, portanto, estendida ao conjunto do universo: essa ideia não mais significa apenas minha relação com o ser, mas a relação de todas as coisas com o ser. Tudo se passa como se o universo fosse uma formidável Memória. E Bergson felicita-se com a potência do método de intuição: só esse método "permite-nos ultrapassar o idealismo tanto quanto o realismo, permite-nos afirmar a existência de objetos *inferiores e superiores* a nós, muito embora sejam eles, em certo sentido, interiores a nós, permite-nos fazê-los *coexistir* em conjunto sem dificuldade". Essa ideia de estender a coexistência virtual a uma infinidade de durações específicas aparece nitidamente em *A evolução criadora*, onde a própria vida é comparada a uma memória, correspondendo os gêneros ou as espécies a graus coexistentes dessa *[77]* memória virtual.[10] Aí está, portanto, uma visão ontológica que parece implicar um pluralismo generalizado.

Mais precisamente, em *A evolução criadora*, uma restrição importante é marcada: se se diz que as coisas duram, é menos por si mesmas ou absolutamente do que em relação ao Todo do universo, do qual elas participam, dado que suas distinções são artificiais. Assim, a porção de açúcar só nos faz esperar porque ela, apesar do seu recorte artificial, abre-se ao universo em seu conjunto. Nessa perspectiva, nenhuma coisa tem uma duração própria. Teriam uma duração somente os seres semelhantes a nós (duração psicológica), depois os viventes, que formam naturalmente sistemas fechados relativos, e, finalmente, o Todo do universo.[11] Trata-se, portanto, de um pluralismo restrito, não mais generalizado.

---

[10] Cf. *EC*, 637; 168.

[11] *EC*, 502, 10: "Que se pode dizer senão que o copo com água, o açúcar e o processo de dissolução do açúcar na água são sem dúvida abstrações, e que o

Finalmente, *Duração e simultaneidade* recapitula todas as hipóteses possíveis: pluralismo generalizado, pluralismo restrito, monismo.[12] Segundo a primeira, haveria coexistência de ritmos totalmente diferentes, durações realmente distintas, logo, multiplicidade radical do Tempo. Bergson acrescenta que havia estabelecido anteriormente essa hipótese, mas que ela, fora de nós, só valia para as espécies viventes: "Então, não percebíamos, não víamos *[78]*, como não vemos ainda hoje, qualquer razão para estender ao universo material essa hipótese de uma multiplicidade de durações". Daí uma segunda hipótese: fora de nós, as coisas materiais não se distinguiriam por durações absolutamente diferentes, mas por uma certa maneira relativa de participar de nossa duração e de escandi-la. Parece que Bergson condensa aqui a doutrina provisória de *Os dados imediatos* (haveria uma participação misteriosa das coisas em nossa duração, uma "inexprimível razão") e a doutrina mais elaborada de *A evolução criadora* (tal participação em nossa duração se explicaria pela pertença das coisas ao Todo do universo). Porém, mesmo no segundo caso, perdura o mistério concernente à natureza do Todo e à nossa relação com ele. Daí a terceira hipótese: haveria uma só duração, um só tempo, do qual tudo participaria, inclusive nossas consciências, os viventes e o todo do mundo material. Ora, para surpresa do leitor, é essa última hipótese que Bergson apresenta como a mais satisfatória: *um só Tempo, uno, universal, impessoal*.[13] Em resumo, um monismo do Tempo...

Todo no qual eles foram segmentados pelos meus sentidos e meu entendimento progride talvez à maneira de uma consciência?". Sobre o caráter particular do vivente e sua semelhança com o Todo, cf. *EC*, 507; 15. Mas *Matéria e memória* já invocava o Todo como a condição sob a qual se atribuía às coisas um movimento e uma duração: *MM*, 329; 216 e 332; 220.

[12] *DS*, 57-8.

[13] *DS*, 58-9. Bergson chega a dizer que esse Tempo impessoal tem um só e mesmo "ritmo". *Matéria e memória*, ao contrário, afirmava a pluralidade dos ritmos e o caráter *pessoal* das durações (cf. *MM*, 342; 232: "não é ademais esta duração impessoal e homogênea, a mesma para tudo e para todos [...]"). Mas não há contradição: em *DS*, a diversidade dos *fluxos* substituirá a dos ritmos por razões de precisão terminológica; e, como veremos, o Tempo impessoal de modo algum será uma duração impessoal *homogênea*.

Nada parece mais surpreendente; parece que uma das duas outras hipóteses teria exprimido melhor o estado do bergsonismo, seja após *Matéria e memória*, seja após *A evolução criadora*. Mais ainda: teria Bergson esquecido que, *[79]* desde *Os dados imediatos*, ele definia a duração, isto é, o tempo real, como uma "multiplicidade"?

Que teria acontecido? O confronto com a teoria da Relatividade, sem dúvida. Tal confronto impunha-se a Bergson, porque a Relatividade, por sua vez, a propósito do espaço e do tempo, invocava conceitos tais como expansão e contração, tensão e dilatação. Mas esse confronto não surgia bruscamente: ele estava preparado sobretudo pela noção fundamental de Multiplicidade, que Einstein recolhia de Riemann e que Bergson, por sua vez, havia utilizado em *Os dados imediatos*. Retenhamos sumariamente os traços principais da teoria de Einstein, tal como Bergson a resume: tudo parte de uma certa ideia do movimento, que traz consigo uma contração dos corpos e uma dilatação de seu tempo; conclui-se disso um deslocamento da simultaneidade, de modo que o que é simultâneo em um sistema fixo deixa de sê-lo em um sistema móvel; mais ainda: em virtude da relatividade do repouso e do movimento, em virtude da relatividade do próprio movimento acelerado, essas contrações de extensão, essas dilatações de tempo, essas rupturas de simultaneidade vêm a ser absolutamente recíprocas; nesse sentido, haveria uma multiplicidade de tempos, uma pluralidade de tempos, em diferentes velocidades de transcurso, todos reais, sendo cada um próprio de um sistema de referência; e como, para situar um ponto, torna-se necessário indicar sua posição no tempo tanto quanto no espaço, a única unidade do tempo consiste em ser ele uma quarta dimensão do espaço; é precisamente esse bloco Espaço-Tempo que se divide atualmente em espaço e em tempo de uma infinidade de maneiras, sendo cada uma própria de um sistema.

Sobre o que incide a discussão? Contração, dilatação, *[80]* relatividade do movimento, todas essas noções são familiares a Bergson. Ele as emprega por sua conta. Que a duração, isto é, o tempo, seja essencialmente multiplicidade, é uma ideia a que Bergson jamais renunciará. O problema, porém, é o seguinte: que tipo de multiplicidade? Lembremo-nos de que Bergson opunha dois tipos de multiplicidade, as multiplicidades atuais, numéricas e descontínuas, e as multiplicidades virtuais, contínuas e qualitativas. É certo que, na terminologia de Bergson, o Tempo de Einstein é da primeira categoria. O que Bergson reprova a Einstein é ter confundido os dois tipos de multiplicidade e, com isso, ter reposto a confusão do tempo com o espaço. É só aparentemente que a discussão incide sobre o seguinte: o tempo é uno ou múltiplo? O verdadeiro problema é este: "qual é a multiplicidade própria ao tempo?". Vê-se bem isso na maneira pela qual Bergson sustenta a existência de um só tempo, universal e impessoal.

"Quando estamos sentados à beira do rio, o escoamento da água, o deslizamento de um barco ou o voo de um pássaro e o murmúrio ininterrupto de nossa vida profunda são para nós três coisas diferentes ou uma só, como se queira [...]."[14] Bergson, aqui, atribui à atenção o poder de "repartir-se sem dividir-se", de "ser uma e várias"; porém, mais profundamente, ele atribui à duração o poder de englobar-se a si mesma. O escoamento da água, o voo do pássaro e o murmúrio de minha vida formam três fluxos; mas eles são isso apenas porque minha duração é um fluxo entre eles e também o elemento que contém os dois outros. Por que não contentar-se *[81]* com dois fluxos, minha duração e o voo do pássaro, por exemplo? É que dois fluxos jamais poderiam ser ditos coexistentes ou simultâneos se não estivessem contidos em um mesmo e terceiro fluxo. O voo do pássaro e minha própria duração são simultâneos somente porque minha própria duração se desdobra e se reflete em uma outra que a contém, ao mesmo tempo que ela mesma contém o voo do pássaro: há, portanto, uma triplicidade fundamental dos fluxos.[15] É nesse sentido que minha duração tem essencialmente o poder de revelar outras durações, de englobar as outras e de englobar-se a si mesma ao infinito. Todavia, vê-se que esse infinito da reflexão ou da atenção restitui à duração suas verdadeiras características, que é preciso relembrar constantemente: ela não é simplesmente o indivisível, mas aquilo que tem um estilo muito particular de divisão; ela não é simplesmente sucessão, mas

---

[14] *DS*, 67.

[15] *DS*, 59: "Nós nos surpreendemos desdobrando e multiplicando nossa consciência [...]". Este aspecto reflexivo da duração aproxima-a particularmente de um *cogito*. Sobre a triplicidade, cf. 70: há, com efeito, três formas essenciais da continuidade: a de nossa vida interior, a do movimento voluntário, a de um movimento no espaço.

coexistência muito particular, simultaneidade de fluxos. "É esta nossa primeira ideia da simultaneidade. Então, denominamos simultâneos dois fluxos exteriores, que ocupam a mesma duração, porque um e outro se mantêm na duração de um mesmo terceiro, a nossa [...] [É essa] simultaneidade de fluxos que nos conduz à duração interna, à duração real."[16]

Reportemo-nos às características pelas quais Bergson definia a duração como multiplicidade virtual ou contínua: de um lado, ela se divide em elementos que diferem por natureza; de outro, tais elementos ou *[82]* partes só existem atualmente quando a divisão é efetivamente feita (de modo que, se nossa consciência "para a divisão em alguma parte, aí também para a divisibilidade").[17] Se nós nos colocamos em um momento em que a divisão é feita, isto é, no virtual, é evidente que há aí um só tempo. Em seguida, coloquemo-nos em um momento em que a divisão é feita: dois fluxos, por exemplo, o da corrida de Aquiles e o da corrida da tartaruga. Digamos que eles diferem por natureza (assim como cada passo de Aquiles e cada passo da tartaruga, se levamos a divisão ainda mais longe). Que a divisão esteja submetida à condição de ser feita atualmente, isso significa que as partes (fluxos) devem ser vividas, ou devem ser pelo menos postas e pensadas como podendo sê-lo. Ora, toda essa tese de Bergson *consiste em demonstrar que apenas na perspectiva de um só tempo é que essas partes podem ser vivíveis ou vividas*. O princípio da demonstração é o seguinte: quando admitimos a existência de vários tempos, não nos contentamos em considerar o fluxo A e o fluxo B, ou mesmo a imagem que o sujeito de A faz para si de B (Aquiles tal como ele concebe ou imagina a corrida da tartaruga como podendo ser vivida por ela). Para colocar a existência de dois tempos, somos forçados a introduzir um estranho fator: a imagem que A faz para si de B, sabendo que B, para si, não pode viver assim. É um fator totalmente "simbólico", isto é, que se opõe ao vivido, que *exclui* o vivido; e é somente graças a ele que o pretenso segundo tempo se realiza. Bergson conclui daí que, tanto no nível das partes atuais quanto no nível do Todo

---

[16] *DS*, 68 e 81.
[17] *MM*, 341; 232.

virtual, existe um Tempo, e somente um. (Mas que significa *[83]* essa obscura demonstração? É o que veremos em seguida.)

Se tomamos a divisão no outro sentido, se remontamos, vemos sempre que os fluxos, *com suas diferenças de natureza, com suas diferenças de contração e de distensão*, comunicam-se em um só e mesmo Tempo, que é como que sua condição. "Uma mesma duração vai recolher ao longo de sua rota os acontecimentos da totalidade do mundo material; e nós poderemos então eliminar as consciências humanas que havíamos inicialmente disposto de quando em quando como outras tantas alternâncias para o movimento do nosso pensamento; haverá tão somente o tempo impessoal, onde se escoarão todas as coisas."[18] Daí a triplicidade dos fluxos, sendo nossa duração (a duração de um espectador) necessária ao mesmo tempo como fluxo e como representante do Tempo em que se abismam todos os fluxos. — É nesse sentido que os diversos textos de Bergson se conciliam perfeitamente e não comportam qualquer contradição: há tão somente um tempo (monismo), embora haja uma infinidade de fluxos atuais (pluralismo generalizado) que participam necessariamente do mesmo todo virtual (pluralismo restrito). Bergson em nada renuncia à ideia de uma diferença de natureza entre os fluxos atuais e nem tampouco à ideia de diferenças de distensão ou de contração na virtualidade que engloba os fluxos e que neles se atualiza. Mas Bergson estima que estas duas certezas não excluem, antes pelo contrário implicam, um tempo único. Em suma, não só as multiplicidades virtuais implicam um só tempo, como a duração, como multiplicidade virtual, é esse único e mesmo Tempo. *[84]*

Mas parece que continua ainda obscura a demonstração bergsoniana do caráter contraditório da pluralidade dos tempos. Tornemo-la precisa, levando em conta a teoria da Relatividade, pois, paradoxalmente, é só essa teoria que permite torná-la clara e convincente. Com efeito, enquanto se trata de fluxos qualitativamente distintos, pode ser difícil saber se os dois sujeitos vivem e percebem ao mesmo tempo ou não. Aposta-se na unidade, mas somente como ideia mais "plausível". Em troca, a teoria da Relatividade situa-se na seguinte

---

[18] *DS*, 59.

hipótese: não mais fluxos qualitativos, mas sistemas "em estado de deslocamento recíproco e uniforme", onde os observadores são intercambiáveis, pois não há sistema privilegiado.[19] Aceitemos essa hipótese. Einstein diz que o tempo dos dois sistemas, S e S', não é o mesmo. Mas qual é esse *outro* tempo? Não é nem o de Pedro em S, nem o de Paulo em S', porque, por hipótese, esses dois tempos só diferem quantitativamente, e porque essa diferença se anula quando se toma ora S ora S' como sistema de referência. Dir-se-ia, pelo menos, que esse outro tempo seria aquele que Pedro concebe como vivido ou como podendo ser vivido por Paulo? Tampouco — *e aí está o essencial da argumentação bergsoniana*: "Sem dúvida, Pedro cola sobre esse Tempo uma etiqueta em nome de Paulo; mas, se Pedro representasse para si Paulo consciente, Paulo vivendo sua própria duração e medindo-a, então, graças a isso, Pedro veria Paulo tomar seu próprio sistema como sistema de referência e colocar-se nesse Tempo único, interior a cada um dos sistemas de que falamos: *[85]* aliás, também graças a isso, Pedro abandonaria provisoriamente seu sistema de referência e, por conseguinte, sua existência como físico e, também por conseguinte, sua consciência; Pedro só veria a si mesmo como uma visão de Paulo".[20] Em resumo, o *outro* tempo é algo que não pode ser vivido nem por

---

[19] Sobre esta hipótese da Relatividade, que define as condições de uma espécie de experiência crucial, cf. DS, 97, 114, 164.

[20] DS, 99. Diz-se, frequentemente, que o raciocínio de Bergson implica um contrassenso em relação a Einstein. Todavia, também frequentemente, comete-se um contrassenso em relação ao próprio raciocínio de Bergson. Este *não se contenta* em dizer: um tempo diferente do meu não é vivido nem por mim nem por outrem, mas implica uma imagem que me faço de outrem (e reciprocamente). Bergson não se contenta em dizer isto, porque a legitimidade de uma tal imagem, *que ele, por sua vez, nunca deixará de reconhecer*, é perfeitamente admitida por ele como aquilo que exprime as tensões diversas e as relações entre as durações. O que ele censura na teoria da Relatividade é coisa totalmente distinta: a imagem que, para mim, faço de outrem, o que Pedro se faz de Paulo, é, então, uma imagem que não pode ser vivida ou pensada como vivível sem contradição (por Pedro, por Paulo, *ou por Pedro tal como ele imagina Paulo*). Em termos bergsonianos, isso não é uma imagem, mas sim um "símbolo". Se nos esquecermos deste ponto, todo o raciocínio de Bergson perde seu sentido. Daí todo o cuidado que ele investe ao lembrar, no final de DS, p. 234: "Mas esses físicos não são imaginados como reais ou como podendo sê-lo [...]".

Pedro nem por Paulo, nem por Paulo tal como Pedro o imagina para si. É um puro símbolo, que exclui o vivido e que somente marca que tal sistema, e não outro, é tomado como referência. "Pedro não mais vê em Paulo um físico, nem mesmo um ser consciente, nem mesmo um ser: da imagem visual de Paulo, ele esvazia o interior consciente e vivo, retendo do personagem tão somente seu envoltório exterior."

Assim, na hipótese da Relatividade, torna-se evidente que só pode haver um só tempo vivível e vivido. (Essa demonstração é estendida para além da hipótese relativista, pois diferenças qualitativas, por sua vez, não podem constituir as distinções numéricas.) Eis por que Bergson acredita *[86]* que a teoria da Relatividade esteja demonstrando, de fato, o contrário do que ela afirma no concernente à pluralidade dos tempos.[21] Todas as outras recriminações feitas por Bergson derivam daí, pois em qual simultaneidade pensa Einstein quando declara ser ela variável de um sistema a outro? Ele pensa em uma simultaneidade definida pelas indicações de dois relógios distanciados, e é verdade que tal simultaneidade é variável ou relativa, mas, precisamente porque sua relatividade exprime não alguma coisa de vivido ou vivível, mas o fator simbólico a que nos referimos.[22] Nesse sentido, tal simultaneidade supõe duas outras a ela ligadas no instante em que elas não são variáveis, mas absolutas: a simultaneidade entre dois instantes destacados de movimentos exteriores (um fenômeno próximo e um momento de relógio) e a simultaneidade desses instantes com instantes destacados por eles de nossa duração. E essas duas simultaneidades, elas próprias, supõem uma outra, a dos fluxos, que é ainda menos variável.[23] A teoria bergsoniana da *simultaneidade* vem, pois, confir-

---

[21] *DS*, 112-6.

[22] *DS*, 120-1.

[23] Bergson, portanto, distingue, em uma ordem de profundidade crescente, quatro tipos de *simultaneidade*: *a*) a simultaneidade relativista entre relógios distanciados (*DS*, 71 e 116 ss.); *b*) e *c*) as duas simultaneidades no instante, entre acontecimento e relógio próximo, e também entre esse momento e um momento de nossa duração (70-5); *d*) a simultaneidade dos fluxos (67-8, 81) — Merleau-Ponty mostra bem como o tema da simultaneidade, segundo Bergson, vem confirmar uma verdadeira filosofia da "coexistência" (cf. *Éloge de la philosophie*, pp. 24 ss.).

mar a concepção da duração como *coexistência* virtual de todos os graus em um só e mesmo tempo.

Em resumo, o que Bergson, do começo ao fim de *Duração e simultaneidade*, censura na teoria de Einstein é ter ela confundido [87] o virtual e o atual (a introdução do fator simbólico, isto é, de uma ficção, exprime tal confusão). Censura, portanto, ter ela confundido os dois tipos de multiplicidade, virtual e atual. No fundo da questão "é a duração una ou múltipla?", encontra-se um problema totalmente distinto: a duração é uma multiplicidade, *mas de que tipo?* Só a hipótese do Tempo único, segundo Bergson, dá conta da natureza das multiplicidades virtuais. Confundindo os dois tipos, multiplicidade espacial atual e multiplicidade temporal virtual, Einstein apenas inventou uma nova maneira de espacializar o tempo. Não se pode negar a originalidade do seu espaço-tempo, a conquista prodigiosa que ele representa para a ciência (nunca, antes, fora levada tão longe a espacialização e nem dessa maneira).[24] Mas essa conquista é a de um símbolo para exprimir os mistos, não a de um vivido capaz de exprimir, como diria Proust, "um pouco de tempo em estado puro". O Ser, ou o Tempo, é uma *multiplicidade*; mas, precisamente, ele não é "múltiplo", ele é Uno, conforme *seu* tipo de multiplicidade.

\* \* \*

Quando Bergson defende a unicidade do tempo, ele a nada renuncia do que disse anteriormente em relação à coexistência virtual dos diversos graus de distensão e de contração e à diferença de natureza entre os fluxos ou ritmos atuais. E, quando ele diz que espaço e tempo nunca "mordem" um ao outro e nem "se entrelaçam", quando ele sustenta que somente sua [88] distinção é real,[25] ele a nada renuncia da ambição de *Matéria e memória*, qual seja, a de integrar algo do espaço na duração, a de integrar na duração uma razão suficiente da extensão. O que ele denuncia, desde o início, é toda *combinação* de espaço e de tempo em um misto mal analisado, no qual o espaço é

---

[24] *DS*, 199 e 233 ss.

[25] Cf. *DS*, 199 e 225 (denúncia de um "espaço que ingurgita tempo", de um "tempo que, por sua vez, absorve espaço").

considerado como já feito e o tempo, então, como uma quarta dimensão do espaço.[26] Sem dúvida, essa espacialização do tempo é inseparável da ciência. Mas o que é próprio da teoria da Relatividade é ter impulsionado essa espacialização e ter soldado o misto de uma maneira totalmente nova: com efeito, na ciência pré-relativista, o tempo assimilado a uma quarta dimensão do espaço não deixa de ser uma variável independente e realmente distinta; na teoria da Relatividade, ao contrário, a assimilação do tempo ao espaço é necessária para exprimir a invariância da distância, de modo que ela se introduz explicitamente nos cálculos e não deixa subsistir distinção real. Em resumo, a teoria da Relatividade formou uma mistura particularmente ligada, mas que cai sob a crítica bergsoniana do "misto" em geral.

Em troca, do ponto de vista de Bergson, podem-se, devem-se conceber combinações que dependam de um princípio totalmente distinto. Consideremos os graus de distensão e de contração, todos eles coexistentes: no limite da distensão, temos a matéria.[27] Sem dúvida, a matéria não é ainda o espaço, mas ela é já *[89]* extensão. Uma duração infinitamente relaxada, descontraída, deixa exteriores uns aos outros os seus momentos; um deve ter desaparecido quando o outro aparece. O que esses momentos perdem em penetração recíproca, ganham em desdobramento respectivo. O que eles perdem em tensão, ganham em extensão. Assim, a cada momento, tudo tende a desenrolar-se em um *continuum* instantâneo, indefinidamente divisível, que não se prolongará em outro instante, mas que morrerá para renascer no instante seguinte, em um piscar de olhos ou frêmito sempre recomeçado.[28] Bastaria impulsionar até o fim esse movimento da distensão para obter o espaço. (Mais precisamente, no final da linha de diferenciação, o espaço seria então encontrado como sendo esse termo extremo que *não mais* se combina com a duração.) Com efeito, o espaço não é a matéria ou a extensão, mas o "esquema" da matéria, isto é, a representação do termo em que o movimento de distensão desem-

---

[26] Contra a ideia de um espaço que nos damos já pronto, cf. *EC*, 669; 206.

[27] Neste sentido, a matéria e o sonho têm uma afinidade natural, ambos representando um estado de distensão em nós e fora de nós: *EC*, 665, 667; 202, 203.

[28] *EC*, 666-7; 203-4 — e *MM*, cap. IV, *passim*.

bocaria, como o envoltório exterior de todas as extensões possíveis. Nesse sentido, não é a matéria, não é a extensão que está no espaço, mas bem o contrário.[29] E, se consideramos que a matéria tem mil e uma maneiras de se distender ou de se estender, devemos dizer que há toda sorte de extensos distintos, todos aparentados, mas ainda qualificados, e que acabarão por se confundir, mas só em nosso esquema de espaço.

O essencial, com efeito, é notar o quanto a distensão e a contração são relativas, e relativas uma à outra. O que é que se distende, a não ser o contraído — *[90]* e o que é que se contrai, a não ser o extenso, o distendido? *Eis por que há sempre extensos em nossa duração e sempre há duração na matéria.* Quando percebemos, contraímos em uma qualidade sentida milhões de vibrações ou de tremores elementares; mas o que nós assim contraímos, o que nós "tensionamos" assim é matéria, é extensão. Nesse sentido, não há por que perguntar se há sensações espaciais, quais são e quais não são: todas as nossas sensações são extensivas, todas são "voluminosas" e extensas, embora em graus diversos e em estilos diferentes, de acordo com o gênero de contração que elas operam. E as qualidades pertencem à matéria tanto quanto a nós mesmos: pertencem à matéria, estão na matéria em virtude de vibrações e de números que as decompõem interiormente. Os extensos, portanto, são ainda qualificados, sendo inseparáveis de contrações que se distendem nas qualidades; e a matéria nunca está suficientemente distendida para ser puro espaço, para deixar de ter esse mínimo de contração pelo qual ela participa da duração, pelo qual ela é duração.

Inversamente, a duração nunca está suficientemente contraída para ser independente da matéria interior em que ela opera e da extensão que ela vem tensionar. Retornemos à imagem do cone invertido: seu vértice (nosso presente) representa o ponto mais contraído de nossa duração, mas ele também representa nossa inserção no menos contraído, isto é, em uma matéria infinitamente distendida. Eis por que a inteligência, segundo Bergson, tem dois aspectos correlativos, que formam uma ambiguidade que lhe é essencial: ela é conhecimen-

---

[29] Sobre o espaço como esquema ou plano, cf. *MM*, 341; 232. 344-5; 235--6. *EC*, 667; 203.

Uma ou várias durações?

to da matéria, ela marca nossa adaptação à matéria, *[91]* ela se amolda à matéria, mas ela só o faz à força de espírito ou de duração, à força de inserir-se na matéria em um ponto de tensão que lhe permite dominá-la. Na inteligência, portanto, devem-se distinguir a forma e o sentido: ela tem sua forma na matéria, ela encontra sua forma com a matéria, isto é, no mais distendido, mas ela tem e encontra seu sentido no mais contraído, pelo qual ela domina e utiliza a matéria. Dir-se-ia, pois, que sua forma a separa do seu sentido, mas esse sentido está sempre presente nela e deve ser reencontrado pela intuição. Eis por que, finalmente, Bergson recusa toda gênese simples que daria conta da inteligência a partir de uma já suposta ordem da matéria, ou que daria conta dos fenômenos da matéria a partir de supostas categorias da inteligência. Só pode haver uma gênese simultânea da matéria e da inteligência. Um passo para uma, um passo para a outra: a inteligência se contrai na matéria ao mesmo tempo em que a matéria se distende na duração; ambas encontram no extenso a forma que lhes é comum, seu equilíbrio; é possível à inteligência, por sua vez, levar essa forma a um grau de distensão que a matéria e o extenso nunca teriam atingido por si mesmos — a distensão de um espaço puro.[30]

---

[30] Cf. *EC*, cap. III.

# 5.
# O IMPULSO VITAL
# COMO MOVIMENTO DA DIFERENCIAÇÃO
*[92]*

Nosso problema é agora o seguinte: passando do dualismo ao monismo, da ideia de diferenças de natureza à ideia de níveis de distensão e de contração, não estaria Bergson reintroduzindo em sua filosofia tudo o que havia denunciado — as diferenças de grau ou de intensidade, tão criticadas em *Os dados imediatos*?[1] Bergson ora diz que o passado e o presente diferem por natureza, ora que o presente é somente o nível ou o grau mais contraído do passado: como conciliar essas duas proposições? O problema não é mais o do monismo; vimos como os graus de distensão e de contração coexistentes implicavam efetivamente um tempo único, no qual os próprios "fluxos" eram simultâneos. O problema é o do acordo entre o dualismo das diferenças de *[93]* natureza e o monismo dos graus de distensão, entre os dois momentos do método ou os dois "para além" da viravolta da experiência — levando-se em conta que o momento do dualismo não é totalmente suprimido, mas guarda inteiramente seu sentido.

A crítica da intensidade, tal como aparece em *Os dados imediatos*, é muito ambígua. Teria sido ela dirigida contra a própria noção de quantidade intensiva ou somente contra a ideia de uma intensidade de estados psíquicos? A pergunta se impõe, visto que, se é verdade que a intensidade nunca é dada em uma experiência pura, não é ela que propicia todas as qualidades de que temos experiência? Assim, *Matéria e memória* reconhece intensidades, graus ou vibrações nas qualidades que vivemos como tais fora de nós e que, como tais, pertencem à matéria. Há números envolvidos nas qualidades, intensidades compreendidas na duração. Trata-se ainda de falar em contradição nos textos de Bergson? Ou é preciso sobretudo falar em momentos diferentes do método, acentuando ora um ora outro, mas tomando todos os momentos como coexistentes em uma dimensão de profundidade?

---

[1] Cf. p. *[74]*.

1. — Bergson começa por criticar toda visão do mundo fundada sobre diferenças de grau ou de intensidade. Em tais visões, com efeito, perde-se o essencial, isto é, as articulações do real ou as diferenças qualitativas, as diferenças de natureza. Há uma diferença de natureza entre o espaço e a duração, entre a matéria e a memória, entre o presente e o passado etc. Nós só descobrimos essa diferença à força de decompor os mistos dados na experiência, indo além da "viravolta". Descobrimos as diferenças de natureza entre duas tendências atuais, entre duas direções atuais *[94]* em estado puro que partilham cada misto. É o momento do puro dualismo ou da divisão dos mistos.

2. — Mas já vimos que não basta dizer que a diferença de natureza está *entre* duas tendências, entre duas direções, entre o espaço e a duração... Pois uma das duas direções é portadora de todas as diferenças de natureza; e todas as diferenças de grau caem na outra direção, na outra tendência. É a duração que compreende todas as diferenças qualitativas, a tal ponto que ela se define como alteração em relação a si mesma. É o espaço que apresenta exclusivamente diferenças de grau, a tal ponto que ele aparece como o esquema de uma divisibilidade indefinida. Do mesmo modo, a Memória é essencialmente diferença e a matéria é essencialmente repetição. Portanto, não há diferença de natureza entre duas tendências, mas diferença *entre* diferenças de natureza, que correspondem a uma tendência, e diferenças de grau, que remetem à outra tendência. É o momento do dualismo neutralizado, compensado.

3. — A duração, isto é, a memória ou o espírito, é a diferença de natureza em si e para si; e o espaço, ou a matéria, é a diferença de grau fora de si e para nós. Entre as duas direções, portanto, há todos os *graus da diferença* ou, se se prefere, toda a *natureza da diferença*. A duração é tão somente o mais contraído grau da matéria, e a matéria é o grau mais distendido da duração. Mas, do mesmo modo, a duração é como que uma natureza naturante, e a matéria é como que uma natureza naturada. As diferenças de grau são o mais baixo grau da Diferença; e as diferenças de natureza são a mais elevada natureza da Diferença. Já não há qualquer dualismo *[95]* entre a natureza e os graus. Todos os graus coexistem em uma mesma Natureza, que se exprime, de um lado, nas diferenças de natureza e, de outro, nas diferenças de grau. É este o momento do monismo: todos os graus coe-

xistem em um só Tempo, que é a natureza em si mesma.[2] Como momentos do método, monismo e dualismo não estão aí em contradição, pois a dualidade valia entre tendências atuais, entre direções atuais, que levam para além da primeira viravolta da experiência. Mas a unidade se faz em uma segunda viravolta, em uma reviravolta: a coexistência de todos os graus, de todos os níveis, é virtual, somente virtual. O próprio ponto de unificação é virtual. Esse ponto tem alguma semelhança com o Uno-Todo dos platônicos. Todos os níveis de distensão e de contração coexistem em um Tempo único, formam uma totalidade; mas esse Todo e esse Uno são virtualidade pura. Esse Todo tem partes, esse Uno tem um número, mas somente em potência.[3] Eis por que Bergson não se contradiz ao falar de intensidades ou de graus diferentes em uma coexistência virtual, em um Tempo único, em uma Totalidade simples.

*  *  *

[96] Uma tal filosofia supõe que a noção de virtual deixe de ser vaga, indeterminada. É preciso que ela tenha em si mesma um máximo de precisão. Essa condição só será preenchida se formos capazes de, a partir do monismo, reencontrar o dualismo e de dar conta deste em um novo plano. Aos três momentos precedentes, portanto, é preciso acrescentar um quarto, o do dualismo reencontrado, dominado e de algum modo engendrado.

O que Bergson quer dizer quando fala em *impulso vital*? Trata-se sempre de uma virtualidade em vias de atualizar-se, de uma sim-

---

[2] Este "naturalismo" ontológico aparece nitidamente em *MR* (sobre a Natureza naturante e a Natureza naturada, cf. 1.024; 56). É aí que aparece a noção aparentemente estranha de "plano da natureza" (1.022; 54). Apesar de certas expressões de Bergson ("querido pela natureza", 1.029; 63), não é o caso de interpretar tal noção em um sentido demasiado finalista: há vários *planos*, e cada um, como veremos, corresponde a um dos graus ou níveis de contração, todos eles coexistentes na duração. Mais do que a um projeto ou a uma meta, a palavra "plano" remete aos cortes, às seções do cone.

[3] Segundo Bergson, a palavra "Todo" tem um sentido, mas com a condição de *não* designar algo atual. Ele lembra constantemente que o Todo não é dado. Isto não significa que a ideia de todo seja destituída de sentido, mas que ela designa uma virtualidade, sendo que as partes atuais não se deixam totalizar.

plicidade em vias de diferenciar-se, de uma totalidade em vias de dividir-se: a essência da vida é proceder "por dissociação e desdobramento", por "dicotomia".[4] Nos mais conhecidos exemplos, a vida divide-se em planta e animal; o animal divide-se em instinto e inteligência; um instinto, por sua vez, divide-se em várias direções, que se atualizam em espécies diversas; a própria inteligência tem seus modos ou suas atualizações particulares. Tudo se passa como se a Vida se confundisse com o próprio movimento da diferenciação em séries ramificadas. Sem dúvida, esse movimento se explica pela inserção da duração na matéria: a duração se diferencia segundo os obstáculos que ela encontra na matéria, segundo a materialidade que ela atravessa, segundo o gênero de *[97]* extensão que ela contrai. Mas a diferenciação não é somente uma causa externa. É em si mesma, por uma força interna explosiva, que a duração se diferencia: ela só se afirma e só se prolonga, ela só avança em séries ramosas ou ramificadas.[5] Precisamente, a Duração chama-se vida quando aparece nesse movimento. Por que a diferenciação é uma "atualização"? É que ela supõe uma unidade, uma totalidade primordial virtual, que se dissocia segundo linhas de diferenciação, mas que, em cada linha, dá ainda testemunho de sua unidade e totalidade subsistentes. Assim, quando a vida divide-se em planta e animal, quando o animal divide-se em instinto e inteligência, cada lado da divisão, cada ramificação, traz consigo o todo sob um certo aspecto, como uma nebulosidade que acompanha cada ramo, que dá testemunho de sua origem indivisa. Daí haver uma auréola de instinto na inteligência, uma nebulosa de inteligência no instinto, um quê de animado nas plantas, um quê de vegetativo nos animais.[6] A diferenciação é sempre a atualização de uma virtualidade que persiste através de suas linhas divergentes atuais.

[4] Cf. *EC*, 571; 90 e E *MR*, 1.225; 313: "A essência de uma tendência vital é desenvolver-se em forma de feixe, criando, tão só pelo fato do seu crescimento, direções divergentes entre as quais se distribuirá o impulso". [E também *EC*, 579; 100] — Sobre o primado, aqui, de uma Totalidade inicialmente indivisa, de uma Unidade ou de uma Simplicidade, cf. *EC*, 571-2; 90-1 e 595; 119 ("a identidade original").

[5] *EC*, 578; 99.

[6] Com efeito, os produtos da diferenciação nunca são completamente *pu-*

Reencontramos, então, um problema próprio do bergsonismo: há dois tipos de divisão que não se devem confundir. De acordo com o primeiro tipo, partimos de um misto, da mistura espaço-tempo, por exemplo, ou da mistura imagem-percepção e imagem-lembrança. *[98]* Dividimos um tal misto em duas linhas divergentes atuais, que diferem por natureza e que prolongamos para além da viravolta da experiência (matéria pura e pura duração, ou então puro presente e passado puro). — Mas, agora, falamos de um segundo tipo, de um tipo totalmente distinto de divisão: nosso ponto de partida é uma unidade, uma simplicidade, uma totalidade virtual. É essa unidade que se atualiza segundo linhas divergentes que diferem por natureza; ela "explica", ela desenvolve o que tinha virtualmente envolvido. Por exemplo, a pura duração divide-se a cada instante em duas direções, das quais uma é o passado e a outra o presente; ou então o impulso vital dissocia-se a cada instante em dois movimentos, sendo um de distensão, que recai na matéria, e outro de tensão, que se eleva na duração. Vê-se que as linhas divergentes obtidas nos dois tipos de divisão coincidem e se superpõem, ou pelo menos se correspondem estreitamente: no segundo tipo de divisão, reencontramos diferenças de natureza idênticas ou análogas às que tínhamos determinado de acordo com o primeiro tipo. Nos dois casos, critica-se uma visão do mundo que só retém diferenças de grau ali onde, mais profundamente, há diferenças de natureza.[7] Nos dois casos, determina-se um dualismo entre tendências que diferem por natureza. Mas de modo algum é o mesmo estado do dualismo, de modo algum é a mesma divisão. No primeiro tipo, tem-se um dualismo reflexivo, que *provém da decomposição de um misto impuro*: ele constitui o primeiro momento do método. *[99]* No segundo tipo, tem-se um dualismo genético, *saído da diferenciação de um Simples*

---

*ros* na experiência. Além disso, cada linha "compensa" o que ela tem de exclusivo: por exemplo, a linha que chega à inteligência suscita nos seres inteligentes um equivalente de instinto, um "instinto virtual", representado pela *fabulação* (cf. MR, 1.068; 114).

[7] A grande contestação que Bergson dirige às filosofias da Natureza é a de terem elas visto, na evolução e diferenciação, tão somente diferenças de grau em uma mesma linha: *EC*, 609; 136.

*ou de um Puro*: ele forma o último momento do método, aquele que reencontra, finalmente, o ponto de partida em um novo plano.

Então, uma questão se impõe cada vez mais: qual é a natureza desse Virtual, dito uno e simples? Como entender que, já em *Os dados imediatos*, depois em *Matéria e memória*, a filosofia de Bergson tenha dado tanta importância à ideia de virtualidade no momento em que ela recusava a categoria de possibilidade? É que, de dois pontos de vista pelo menos, o "virtual" se distingue do "possível". Com efeito, de um certo ponto de vista, o possível é o contrário do real, opõe-se ao real; porém, o que é totalmente diferente, o virtual opõe-se ao atual. Devemos levar a sério esta terminologia: o possível não tem realidade (embora possa ter uma atualidade); inversamente, o virtual não é atual, mas *possui enquanto tal uma realidade*. Ainda aí, a melhor fórmula para definir os estados de virtualidade seria a de Proust: "reais sem serem atuais, ideais sem serem abstratos".* De outra parte, de um outro ponto de vista, o possível é o que se "realiza" (ou não se realiza); ora, o processo da realização está submetido a duas regras essenciais: a da semelhança e a da limitação. Com efeito, estima-se que o real seja à imagem do possível que ele realiza (de modo que ele, a mais, só tem a existência ou a realidade, o que se traduz dizendo-se que, do ponto de vista do conceito, não há diferença entre o possível e o real). E como nem todos os possíveis se realizam, a realização implica uma limitação, pela qual certos possíveis são considerados rechaçados ou impedidos, ao passo que outros "passam" ao real. O virtual, ao contrário, não tem que *[100]* realizar-se, mas sim atualizar-se; as regras da atualização já não são a semelhança e a limitação, mas a diferença ou a divergência e a criação. Quando certos biólogos invocam uma noção de virtualidade ou de potencialidade orgânica, e sustentam, todavia, que tal potencialidade se atualiza por simples limitação de sua capacidade global, é claro que eles caem em uma confusão do virtual e do possível.[8] Com efeito, para atualizar-se, o vir-

---

* [Marcel Proust, *Le Temps retrouvé*, Paris, Pléiade, III, 873, conforme referência presente em Gilles Deleuze, *Proust et les signes*, Paris, PUF, 1976, p. 74. (N. do R. T.)]

[8] Filosoficamente, encontrar-se-ia em um sistema como o de Leibniz uma hesitação semelhante entre os conceitos de virtual e de possível.

tual não pode proceder por limitação, mas deve *criar* suas próprias linhas de atualização em atos positivos. A razão disso é simples: ao passo que o real é à imagem e à semelhança do possível que ele realiza, o atual, ao contrário, *não* se assemelha à virtualidade que ele encarna. O que é primeiro no processo de atualização é a diferença — a diferença entre o virtual de que se parte e os atuais aos quais se chega, e também a diferença entre as linhas complementares segundo as quais a atualização se faz. Em resumo, é próprio da virtualidade existir de tal modo que ela se atualize ao diferenciar-se e que seja forçada a atualizar-se, a criar linhas de diferenciação para atualizar-se.

Por que Bergson recusa a noção de possível em proveito da de virtual? É que, precisamente em virtude das características apontadas antes, o possível é uma falsa noção, fonte de falsos problemas. Supõe-se que o real se lhe assemelhe. Isto quer dizer que damos a nós mesmos um real já feito, pré-formado, preexistente a si mesmo, e que passará à existência segundo uma ordem de limitações *[101]* sucessivas. Já está *tudo dado*, o real todo já está dado em imagem na pseudo-atualidade do possível. Assim, torna-se evidente a mágica: se se diz que o real assemelha-se ao possível, não seria porque, de fato, esperou-se que o real acontecesse com seus próprios meios para "retroprojetar" dele uma imagem fictícia e, com isso, pretender que ele fosse a todo momento possível antes mesmo de acontecer? Na verdade, não é o real que se assemelha ao possível, mas o possível é que se assemelha ao real, e isso porque nós o abstraímos do real, uma vez acontecido este; nós o extraímos arbitrariamente do real como um duplo estéril.[9] Então, nada mais se compreende nem do mecanismo da diferença, nem do mecanismo da criação.

A evolução acontece do virtual aos atuais. A evolução é atualização e a atualização é criação. Quando se fala em evolução biológica ou vivente, é preciso, portanto, evitar dois contrassensos: ou interpretá-la em termos do "possível" que se realiza, ou interpretá-la em termos de puros atuais. O primeiro contrassenso aparece, evidentemente, no pré-formismo. E, contra o pré-formismo, o evolucionismo terá sempre o mérito de lembrar que a vida é produção, criação de di-

---

[9] Cf. *PM*, "le possible et le réel".

ferenças. O problema todo é o da natureza e das causas dessas diferenças. Podem-se, certamente, conceber essas diferenças ou variações vitais como puramente acidentais. Mas três objeções surgem contra tal interpretação: 1ª, por menores que sejam essas variações, sendo elas devidas ao acaso, permaneceriam exteriores, "indiferentes" umas às outras; 2ª, sendo exteriores, elas, logicamente, só poderiam entrar umas com as *[102]* outras em relações de associação e de adição; 3ª, sendo indiferentes, elas não teriam nem mesmo o meio de entrar realmente em tais relações (pois não haveria qualquer razão para que pequenas variações sucessivas se encadeassem e se adicionassem em uma mesma direção; não haveria também qualquer razão para que variações bruscas e simultâneas se coordenassem em um conjunto vivível).[10] Se se evoca a ação do meio e a influência das condições exteriores, as três objeções subsistem sob uma outra forma, pois as diferenças continuam sendo interpretadas da perspectiva de uma causalidade puramente exterior; em sua natureza, elas somente seriam efeitos passivos, elementos abstratamente combináveis ou adicionáveis; em suas relações, elas seriam, todavia, incapazes de funcionar "em bloco" de maneira a dominar ou utilizar suas causas.[11]

A falha do evolucionismo, portanto, está em conceber as variações vitais como outras tantas determinações atuais, que deveriam, então, combinar-se em uma só e mesma linha. As três exigências de uma filosofia da vida são as seguintes: 1ª A diferença vital só pode ser vivida e pensada como diferença interna; é somente nesse sentido que a "tendência para mudar" deixa de ser acidental, sendo que as próprias variações encontram nessa tendência uma causa interior. — 2ª Essas variações não entram em relações de associação e de adição, mas, ao contrário, em relações de dissociação ou de divisão. — 3ª Essas variações implicam, *[103]* portanto, uma virtualidade que se atualiza segundo linhas de divergência; desse modo, a evolução não vai de um termo atual a um outro termo atual em uma série unilinear

---

[10] *EC*, 549, 554; 64, 70.

[11] *EC*, 555; 72: como teria podido uma energia física exterior, a luz por exemplo, "converter uma impressão deixada por ela em uma máquina capaz de utilizá-la"?

homogênea, mas de um virtual aos termos heterogêneos que o atualizam ao longo de uma série ramificada.[12]

Todavia, há de perguntar como o Simples ou o Uno, a "identidade original", tem o poder de se diferenciar. A resposta já está contida precisamente em *Matéria e memória*, e o encadeamento de *A evolução criadora* com *Matéria e memória* é perfeitamente rigoroso a esse respeito. Sabemos que *o virtual, como virtual, tem uma realidade*; essa realidade, estendida a todo o universo, consiste em todos os graus coexistentes de distensão e de contração. Gigantesca memória, cone universal, onde tudo coexiste com tudo com maior ou menor diferença de nível. Sobre cada um desses níveis encontram-se alguns "pontos brilhantes", pontos notáveis que são próprios de cada nível. Todos esses níveis ou graus, assim como esses pontos, são, eles próprios, virtuais. Eles pertencem a um Tempo único, coexistem em uma Unidade, são envolvidos em uma Simplicidade, formam as partes em potência de um Todo, ele próprio virtual. Eles são *a realidade desse virtual*. É esse o sentido da teoria das multiplicidades virtuais que, desde o início, animava o bergsonismo. — Quando a *[104]* virtualidade se atualiza, se diferencia, se "desenvolve", quando ela atualiza e desenvolve suas partes, ela o faz segundo linhas divergentes, mas cada uma delas corresponde a tal ou qual grau na totalidade virtual. Aí já não há todo coexistente; há somente linhas de atualização, sendo *umas sucessivas, outras simultâneas*, mas cada qual representando uma atualização do todo em uma direção e não se combinando com as outras linhas ou outras direções. Não obstante, cada uma das linhas corresponde a um dos graus que coexistem no virtual; a linha atualiza um nível do virtual, separando-o dos outros; ela encarna pontos notáveis do virtual, ignorando tudo o que se passa nos outros níveis.[13]

---

[12] Sem dúvida, a ideia de linhas divergentes ou de séries ramificadas não é desconhecida dos classificadores, desde o século XVIII. Mas o que importa a Bergson é que divergências de direções só podem ser interpretadas da perspectiva da atualização de um virtual. — Hoje em dia, em Raymond Ruyer, encontramos exigências análogas às de Bergson: apelo a um "potencial trans-espacial, mnêmico e inventivo", recusa de interpretar a evolução em termos puramente atuais (cf. *Eléments de psycho-biologie*, Paris, PUF, 1946).

[13] Quando Bergson diz (*EC*, 637; 168): "Parece que a vida, desde que se

Devemos pensar que, quando a duração se divide em matéria e vida, depois a vida em planta e animal, atualizam-se níveis diferentes de contração, níveis que só coexistiam enquanto permaneciam virtuais. E quando o próprio instinto animal divide-se em instintos diversos, ou quando um instinto particular divide-se, ele próprio, segundo espécies, separam-se ainda níveis ou se segmentam na região do animal ou do gênero. E, por mais estreitamente que as linhas de atualização correspondam aos níveis ou graus virtuais de distensão ou contração, não é o caso de acreditar que elas se contentem [105] em decalcá-los, em reproduzi-los por simples semelhança, pois o que coexistia no virtual deixa de coexistir no atual e se distribui em linhas ou partes não somáveis, cada uma das quais retém o todo, mas sob um certo aspecto, sob um certo ponto de vista. E mais: tais linhas de diferenciação são verdadeiramente criadoras; elas só atualizam por invenção; nessas condições, elas criam o representante físico, vital ou psíquico do nível ontológico que elas encarnam.

Se retivermos tão somente os atuais que terminam cada linha, estabeleceremos entre eles relações seja de gradação, seja de oposição. Entre a planta e o animal, por exemplo, entre o animal e o homem, veríamos tão somente diferenças de grau. Ou então situaríamos em cada um deles uma oposição fundamental: veríamos em um o negativo do outro, a inversão do outro, ou o obstáculo que se opõe ao outro. Ocorre frequentemente a Bergson exprimir-se assim, em termos de contrariedade: a matéria é apresentada como o obstáculo que o impulso vital deve contornar, e a materialidade como a inversão do movimento da vida.[14] No entanto, não se trata de acreditar que Bergson esteja retornando a uma concepção do negativo que ele havia denunciado antes, menos ainda que ele esteja voltando a uma teoria

---

contrai em uma espécie determinada, perde contato com o resto dela mesma, salvo, entretanto, em um ou dois pontos que interessam à espécie que acaba de nascer. Como não ver que a vida procede aqui como a consciência em geral, como a memória?" — o leitor deve pensar que esses *pontos* correspondem aos pontos brilhantes que se destacavam a cada nível do cone. Cada linha de diferenciação ou de atualização constitui, portanto, um "plano da natureza", plano que retoma à sua maneira uma seção ou um nível virtual (cf. acima, p. 81, n. 2 *[95, n. 1]*).

[14] Sobre este vocabulário negativo, cf. *EC*, todo o cap. III.

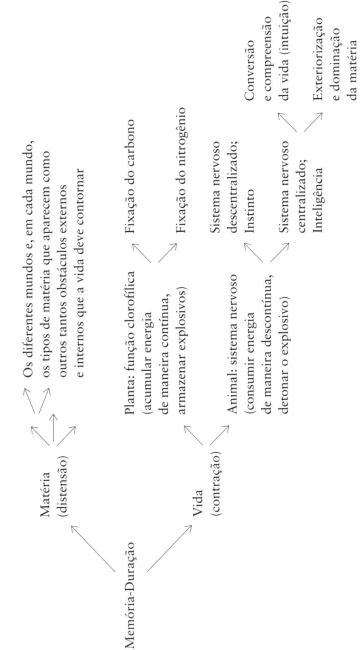

Esquema sumário da diferenciação (*EC*, cap. II) *[106]*

das degradações. Com efeito, basta recolocar os termos atuais no movimento que os produz, relacioná-los à virtualidade que neles se atualiza, para ver que a diferenciação nunca é uma negação, mas uma criação, e que a diferença nunca é negativa, mas essencialmente positiva e criadora.

\* \* \*

*[107]* Reencontramos sempre leis comuns a essas linhas de atualização ou de diferenciação. Entre a vida e a matéria, entre a distensão e a contração, há uma correlação que dá testemunho da coexistência dos seus respectivos graus no Todo virtual e de sua relatividade essencial no processo de atualização. Cada linha de vida relaciona-se com um tipo de matéria, que não é somente um meio exterior, mas é aquilo em função do que o vivente fabrica para si um corpo, uma forma. Eis por que, em relação à matéria, o vivente aparece antes de tudo como posição de problema e capacidade de resolver problemas: a construção de um olho, por exemplo, é antes de tudo solução de um problema posto em função da luz.[15] E, a cada vez, dir-se-á que a solução era tão boa quanto poderia sê-lo, de acordo com a maneira pela qual o problema fora colocado e de acordo com os meios de que o vivente dispunha para resolvê-lo. (É assim que, se compararmos um instinto semelhante em espécies diversas, não se deverá dizer que ele é mais ou menos completo, mais ou menos aperfeiçoado, mas que ele é tão perfeito quanto pode sê-lo em variados graus.[16] É evidente, todavia, que cada solução vital não é em si um sucesso: dividindo o animal em dois, Artrópodes e Vertebrados, não nos demos conta de outras duas direções, Equinodermos e Moluscos, que, para o impulso vital, são um fracasso.[17] *[108]* Tudo se passa como se também os viventes colocassem falsos problemas, arriscando-se a se perderem. Além disso, se toda solução é um sucesso relativo em relação às condições do problema ou do meio, ela é ainda um fracasso relativo em

---

[15] Este caráter da vida, posição e solução de problema, parece a Bergson mais importante que a determinação negativa da necessidade.

[16] *EC*, 640; 172 e *MR*, 1.082; 132 ("[...] a cada parada, uma combinação perfeita em seu gênero").

[17] *EC*, 606; 132.

relação ao movimento que a inventa: a vida, como *movimento*, aliena-se na *forma* material que ela suscita; atualizando-se, diferenciando-se, ela perde "contato com o resto de si mesma". Toda espécie é, portanto, uma parada de movimento; dir-se-ia que o vivente volteia sobre si mesmo e *se fecha*.[18] Não pode ser de outro modo, pois o Todo é tão somente virtual, dividindo-se quando passa ao ato e não podendo reunir suas partes atuais, que permanecem exteriores umas às outras: o Todo nunca é "dado" e, no atual, reina um pluralismo irredutível tanto de mundos quanto de viventes, estando todos eles "fechados" sobre si mesmos.

Porém, de outro ponto de vista, em outra oscilação, devemos nos regozijar pelo Todo não ser dado. É esse o tema constante do bergsonismo, desde o início: a confusão do espaço e do tempo, a assimilação do tempo ao espaço, isso nos faz acreditar que tudo está dado, mesmo que só de direito, mesmo que apenas sob o olhar de um Deus. É bem essa a falha comum ao mecanicismo e ao finalismo. Um supõe que tudo seja calculável em função *[109]* de um estado; o outro supõe que tudo seja determinável em função de um programa: seja como for, o tempo aí só aparece como uma tela que nos oculta o eterno ou que nos apresenta sucessivamente o que um Deus ou uma inteligência sobre-humana veria de um só golpe.[19] Ora, tal ilusão é inevitável, desde que espacializemos o tempo. No espaço, com efeito, basta dispor de uma dimensão suplementar àquelas nas quais se passa um fenômeno para que o movimento, que está em vias de ocorrer, apareça-nos como uma forma já pronta. Se considerarmos o tempo como quarta dimensão do espaço, acabaremos, por conseguinte, supondo que essa quarta dimensão contém em bloco todas as formas possíveis

---

[18] Sobre a oposição vida-forma, *EC*, 603 ss.; 129 ss.: "Como turbilhões de poeira levantados pelo vento que passa, os viventes volteiam sobre si mesmos, pendentes do grande alento da vida. Eles são, pois, relativamente estáveis, e chegam a imitar tão bem a imobilidade...". — Sobre a espécie como "parada", *MR*, 1.153; 221. — É esta a origem da noção de *fechado*, que vai ganhar uma importância tão grande no estudo da sociedade humana. É que, de um certo ponto de vista, o Homem é tão voltado sobre si, encerrado sobre si, é tão circular quanto as outras espécies animais: dir-se-á que ele é "fechado". Cf. *MR*, 1.006; 34 e 1.193; 273.

[19] *EC*, 526, 528; 37, 40.

do universo; e o movimento no espaço, assim como o transcurso no tempo, será tão somente aparência ligada às três dimensões.[20] Mas, na verdade, que o espaço real tenha só três dimensões, que o Tempo não seja uma dimensão do espaço, tudo isso significa o seguinte: há uma eficácia, uma positividade do tempo, que se confunde com uma "hesitação" das coisas e, assim, com a criação no mundo.[21]

É certo que há um Todo da duração. Esse todo, porém, é virtual. Ele se atualiza segundo linhas divergentes; mas, precisamente, tais linhas não formam um todo por conta própria e não se assemelham ao que elas atualizam. Entre o mecanicismo e o finalismo, é preferível este último, mas sob a condição de *submetê-lo a [110] duas correções*. De um lado, tem-se razão em comparar o vivente ao todo do universo; mas equivoca-se ao interpretar tal comparação como se ela exprimisse uma espécie de analogia entre duas totalidades fechadas (macrocosmo e microcosmo). Ao contrário, se o vivente tem finalidade é por ser ele essencialmente aberto a uma totalidade também ela aberta: "ou a finalidade é externa ou é absolutamente nada".[22] Portanto, é toda comparação clássica que muda de sentido; e não é o todo que se fecha à maneira de um organismo, mas o organismo é que se abre a um todo e à maneira desse todo virtual.

Por outro lado, há certamente uma prova da finalidade, justamente à medida que são descobertas atualizações semelhantes, estruturas ou aparelhos idênticos sobre linhas divergentes (por exemplo, o olho no molusco e no vertebrado). O exemplo será tanto mais significativo quanto mais separadas estejam essas linhas, e quanto mais semelhante seja o órgão obtido através de meios dessemelhantes.[23]

---

[20] *DS*, 203 ss. (sobre o exemplo da "curva plana" e da "curva com três dimensões").

[21] *DS*, 84: "uma certa hesitação ou indeterminação inerente a uma certa parte das coisas", e que se confunde com "a evolução criadora".

[22] *EC*, 529; 41.

[23] *EC*, 541 ss.; 55 ss. ("Como supor que causas acidentais, apresentando-se em uma ordem acidental, tenham chegado várias vezes ao mesmo resultado, sendo que as causas são infinitamente numerosas e sendo que o efeito é infinitamente complicado?" [543; 57]) — Lucien Cuénot expôs toda sorte de exemplos no sentido da teoria bergsoniana, cf. *Invention et finalité en biologie*.

Vê-se aqui como a própria categoria de semelhança encontra-se, nos processos de atualização, subordinada às de divergência, de diferença ou de diferenciação. Embora formas ou produtos atuais possam assemelhar-se, os movimentos de produção não se assemelham e nem os produtos se assemelham à virtualidade que eles encarnam. Eis por que a atualização, a diferenciação são uma verdadeira criação *[111]*. É preciso que o Todo *crie* as linhas divergentes segundo as quais ele se atualiza e os meios dessemelhantes que ele utiliza em cada linha. Há finalidade, porque a vida não opera sem direções; mas não há "meta", porque tais direções não preexistem já prontas, sendo elas próprias criadas na "proporção" do ato que as percorre.[24] Cada linha de atualização corresponde a um nível virtual; mas, a cada vez, ela deve inventar a figura dessa correspondência, criar os meios para o desenvolvimento daquilo que estava tão somente envolto, criar os meios para a distinção daquilo que estava em confusão.

* * *

A Duração, a Vida, é de direito memória, é de direito consciência, é de direito liberdade. De direito significa virtualmente. A questão de fato (*quid facti?*) está em saber em que condições a duração torna-se *de fato* consciência de si, como a vida tem acesso *atualmente* a uma memória e a uma liberdade de fato.[25] A resposta de Bergson é a seguinte: é somente na linha do Homem que o impulso vital "passa" com sucesso; nesse sentido, o homem é certamente "a razão de ser da totalidade do desenvolvimento".[26] Dir-se-ia que no homem, e somente no homem, o atual torna-se adequado ao virtual. Dir-se-ia que o homem é capaz de reencontrar todos os níveis, todos os graus de distensão e de contração que coexistem no Todo virtual, como se ele fosse capaz de todos os frenesis e fizesse acontecer nele tudo o que, alhures, *[112]* só pode encarnar-se em espécies diversas. Até nos sonhos o homem reencontra ou prepara a matéria. E as durações que lhe são inferiores ou superiores são ainda interiores a ele. Portanto, o

[24] *EC*, 538; 51.
[25] Cf. *EC*, 649; 182 e *ES*, 818 ss.; 5 ss.
[26] *MR*, 1.154; 223.

homem cria uma diferenciação que vale para o Todo e só ele traça uma direção aberta, capaz de exprimir um todo aberto. Ao passo que as outras direções se fecham e volteiam em torno de si próprias, ao passo que um "plano" distinto da natureza corresponde a cada uma dessas direções, o homem, ao contrário, é capaz de baralhar os planos, de ultrapassar seu próprio plano como sua própria condição, para exprimir, enfim, a Natureza naturante.[27]

De onde vem tal privilégio do homem? À primeira vista, sua origem é humilde. Sendo toda contração da duração ainda relativa a uma distensão, e toda vida a uma matéria, o ponto de partida encontra-se em certo estado da matéria cerebral. Recordemos que essa matéria "analisava" a excitação recebida, selecionava a reação, tornava possível um *intervalo* entre a excitação e a reação; nada ultrapassa aqui as propriedades físico-químicas de uma matéria particularmente complicada. Mas é toda a memória, como vimos, que se infiltra nesse intervalo e se torna atual. É toda a liberdade que se atualiza. Sobre a linha de diferenciação do homem, o impulso vital soube criar com a matéria um instrumento de liberdade, soube "fabricar uma mecânica que triunfava sobre o mecanismo", soube "empregar o determinismo da natureza para atravessar as malhas da rede que ele havia distendido".[28] *[113]* A liberdade tem precisamente este sentido físico: "detonar" um explosivo, utilizá-lo para movimentos cada vez mais potentes.[29]

Mas ao que parece levar um tal ponto de partida? À percepção; e também a uma memória voluntária, pois as lembranças úteis se atualizam no intervalo cerebral; à inteligência como órgão de dominação e de utilização da matéria. Compreende-se, inclusive, que os homens formem *sociedades*. — Não que a sociedade seja somente ou essencialmente inteligente. Sem dúvida, desde a origem, as sociedades humanas implicam certa compreensão inteligente das necessidades e certa organização racional das atividades. Mas elas também se formam e

---

[27] Sobre o homem que engana a Natureza, transpõe seu "plano" e reencontra a Natureza *naturante*, cf. MR, 1.022-9; 55-64. — Sobre o ultrapassamento, pelo homem, de sua condição, MR, *passim*, e PM, 1.425; 218.

[28] EC, 719; 264.

[29] ES, 825-6; 14-5.

só subsistem graças a fatores irracionais ou mesmo absurdos. A obrigação, por exemplo, não tem fundamento racional. Cada obrigação particular é convencional e pode roçar o absurdo; a única coisa fundada é a obrigação de ter obrigações, é o "todo da obrigação"; e isso não está fundado sobre a razão, mas sobre uma exigência da natureza, sobre uma espécie de "instinto virtual", isto é, sobre uma contrapartida que a natureza suscita *no* ser racional para compensar a parcialidade de sua inteligência. Cada linha de diferenciação, mesmo sendo exclusiva, procura alcançar por meios que lhe são próprios as vantagens da outra linha: assim, em sua separação, o instinto e a inteligência são tais que aquele suscita em si um sucedâneo de inteligência, e esta um equivalente de instinto. É essa a "função fabuladora": instinto virtual, criador de deuses, inventor de religiões, isto é, de representações fictícias "que farão frente à *[114]* representação do real e que, por intermédio da própria inteligência, terão êxito em suscitar dificuldades ao trabalho intelectual". Assim, do mesmo modo que a obrigação, cada deus é contingente ou mesmo absurdo, mas o que é natural, necessário e fundado é *ter* deuses, é o panteão dos deuses.[30] Em resumo, dir-se-á que a sociabilidade (no sentido humano) só pode existir *nos* seres inteligentes, mas não se funda *sobre* sua inteligência: a vida social é imanente à inteligência, começa com ela, mas não deriva dela. Desse modo, nosso problema parece complicar-se mais do que resolver-se, pois, se consideramos a inteligência e a sociabilidade, ao mesmo tempo, em sua complementaridade e em sua diferença, vemos que nada justifica ainda o privilégio do homem. As sociedades que ele forma não são menos fechadas do que as de espécies animais; elas fazem parte de um plano da natureza, tanto quanto as espécies e as sociedades animais; e o homem gira em círculo em sua sociedade tanto quanto as espécies em torno de si mesmas ou as formigas em seu domínio.[31] Nada, aqui, parece conferir ao homem a abertura excepcional anunciada precedentemente, como o poder de ultrapassar seu "plano" e sua condição.

---

[30] *MR*, 1.145; 211. — Sobre a função fabuladora e o instinto virtual, 1.067 ss.; 113 ss. e 1.076; 124. — Sobre a obrigação e o instinto virtual, 998; 23.

[31] *MR*, 1.006; 34.

Isso é correto, a menos que essa espécie de jogo da inteligência e da sociedade, esse pequeno intervalo entre os dois, seja, ele próprio, um fator decisivo. Já o pequeno intervalo intracerebral tornava possível a inteligência e a atualização de uma memória útil; mais ainda, graças a ele o corpo imitava a vida do espírito em sua totalidade e podíamos, de súbito, *[115]* instalarmo-nos no passado puro. Encontramo-nos agora diante de *um outro intervalo*, intercerebral, entre a própria inteligência e a sociedade: não é essa "hesitação" da inteligência que vai poder imitar a "hesitação" superior das coisas na duração e que vai permitir ao homem romper, de súbito, o círculo das sociedades fechadas? À primeira vista não, pois, se a inteligência hesita e às vezes se rebela, é, primeiramente, em nome de um egoísmo que ela procura preservar contra as exigências sociais.[32] E, se a sociedade se faz obedecer, isso ocorre graças à função fabuladora, que persuade a inteligência a ser do interesse desta ratificar a obrigação social. Parece, portanto, que somos sempre remetidos de um termo a outro. — Mas tudo muda à medida que algo se venha inserir no intervalo.

O que vem inserir-se no intervalo inteligência-sociedade (tal como a imagem-lembrança se inseria no intervalo cerebral próprio da inteligência)? Não podemos responder: é a intuição. Com efeito, trata-se de operar uma gênese da intuição, isto é, de determinar a maneira pela qual a própria inteligência se converte e é convertida em intuição. E se nós — lembrando-nos de que a inteligência, de acordo com as leis da diferenciação, ao separar-se do instinto, guarda todavia um equivalente de instinto — dissermos que este seria como que o núcleo da intuição, nada de sério estaremos dizendo, pois esse equivalente de instinto encontra-se totalmente mobilizado pela função fabuladora na sociedade fechada enquanto tal.[33] — A verdadeira resposta de Bergson é *[116]* totalmente distinta: o que se vem inserir no intervalo é a *emoção*. Nessa resposta, "não temos a escolha".[34] Por

---

[32] *MR*, 1.053; 94 e 1.153; 222.

[33] Bergson, todavia, sugere essa explicação em certos textos, em *MR*, 1.155; 224, por exemplo. Mas ela tem aí um valor apenas provisório.

[34] *MR*, 1.008; 35. (A teoria da emoção criadora é ainda mais importante por dar à afetividade um estatuto que lhe faltava nas obras precedentes. Em *Os*

natureza, só a emoção difere ao mesmo tempo da inteligência e do instinto e, também ao mesmo tempo, do egoísmo individual inteligente e da pressão social quase instintiva. Ninguém, evidentemente, nega que emoções possam advir do egoísmo e mais ainda da pressão social, com todas as fantasias da função fabuladora. Mas, nesses dois casos, a emoção está sempre ligada a uma representação, da qual se considera que aquela dependa. Instalamo-nos, assim, em um misto de emoção e representação, sem vermos que a primeira é a potência, sem vermos a natureza da emoção como elemento puro. Na verdade, a emoção precede toda representação, sendo ela própria geradora de ideias novas. Propriamente falando, ela não tem um objeto, mas tão somente uma *essência* que se difunde sobre objetos diversos, animais, plantas e toda a natureza. "Esta música sublime exprime o amor. Não é, porém, o amor de alguém [...] o amor será qualificado pela sua essência, não pelo seu objeto."[35] Pessoal, mas não individual; transcendente, ela é como o Deus em nós. "Quando a música chora, é a humanidade, é a natureza inteira que chora com ela. Verdadeiramente dizendo, ela não introduz tais sentimentos em nós, mas, sobretudo, nos introduz neles, como *[117]* passantes levados a dançar." Em suma, a emoção é criadora (primeiramente, porque ela exprime a criação em sua totalidade; em seguida, porque ela própria cria a obra na qual ela se exprime; finalmente, porque ela comunica aos espectadores ou ouvintes um pouco dessa criatividade).

O pequeno intervalo "pressão da sociedade-resistência da inteligência" definia uma variabilidade própria das sociedades humanas. Ora, acontece que, graças a esse intervalo, algo de extraordinário se produz ou se encarna: a emoção criadora. Esta nada tem a ver com as pressões da sociedade, nem com as contestações do indivíduo. Ela nada tem a ver com um indivíduo que contesta ou mesmo inventa, nem com uma sociedade que constrange, que persuade ou mesmo fa-

---

*dados imediatos*, a afetividade tendia a confundir-se com a duração em geral. Em *Matéria e memória*, ao contrário, ela tinha um papel mais preciso, mas era impura e sobretudo dolorosa.) — Sobre a emoção criadora e suas relações com a intuição, deve-se reportar ao estudo de Henri Gouhier em *L'Histoire et sa philosophie* (Paris, Vrin, 1952, pp. 76 ss.).

[35] *MR*, 1.191-2; 270 e 1.007-8; 35-6.

bula.[36] Ela somente se serve desse jogo circular para romper o círculo, assim como a Memória se servia do jogo circular excitação-reação para encarnar lembranças em imagens. E o que seria essa emoção criadora senão, precisamente, uma Memória cósmica, que atualiza ao mesmo tempo todos os níveis, que libera o homem do plano ou do nível que lhe é próprio para fazer dele um criador, um ente adequado a todo o movimento da criação?[37] Tal encarnação da memória cósmica em emoções criadoras, tal liberação ocorre, sem dúvida, em almas privilegiadas. A emoção criadora salta de uma *[118]* alma a outra, "de quando em quando", atravessando desertos fechados. Mas, a cada membro de uma sociedade fechada, se ele se abre à emoção criadora, esta comunica a ele uma espécie de reminiscência, uma agitação que lhe permite prosseguir e, de alma em alma, ela traça o desenho de uma sociedade *aberta*, sociedade de criadores, na qual se passa de um gênio a outro por intermédio de discípulos, de espectadores ou de ouvintes.

A emoção criadora é a gênese da intuição na inteligência. Portanto, se o homem acede à totalidade criadora aberta, é por agir, é por criar, mais do que por contemplar. Na própria filosofia, há ainda muita contemplação suposta: tudo se passa como se a inteligência já fosse penetrada pela emoção, pela intuição, portanto, mas não ainda o suficiente para criar em conformidade com tal emoção.[38] Por isso, mais profundamente que os filósofos, as grandes almas são as dos artistas e dos místicos (pelo menos os ligados a uma mística cristã, que Bergson descreve como sendo, inteiramente, atividade superabundante, ação, criação).[39] No limite, é o místico que goza de toda a criação,

---

[36] Lembremos que a arte, segundo Bergson, tem também duas fontes. Há uma arte *fabuladora*, seja coletiva, seja individual (*MR*, 1.141-2; 206-7), e há uma arte *emotiva* ou *criadora* (1.190; 268). Talvez toda arte apresente esses dois aspectos, mas em proporção variável. Bergson não esconde que o aspecto fabulação parece-lhe inferior em arte; o romance seria sobretudo fabulação; a música, ao contrário, seria emoção e criação.

[37] Cf. *MR*, 1.192; 270: "[...] criar criadores".

[38] *MR*, 1.029; 63.

[39] Sobre os três misticismos, grego, oriental e cristão, cf. *MR*, 1.158 ss.; 229 ss.

o que dela inventa uma expressão que é tanto mais adequada quanto mais dinâmica for. Serva de um Deus aberto e finito (são essas as características do Impulso vital), a alma mística goza ativamente de todo o universo e reproduz a abertura de um Todo, no qual nada há para ver ou contemplar. Já animado pela emoção, o filósofo destacava linhas que partilhavam entre si os mistos dados na experiência; e ele prolongava o traçado dessas linhas para além da "viravolta" da experiência, indicando no longínquo o ponto virtual em que todas se reencontravam. Tudo se passa como se o que permanecia *[119]* indeterminado na intuição filosófica recebesse uma determinação de um novo gênero na intuição mística — como se a "probabilidade" propriamente filosófica se prolongasse em certeza mística. Sem dúvida, o filósofo só pode considerar a alma mística tão somente de fora, e do ponto de vista de suas linhas de probabilidade.[40] Porém, a própria existência do misticismo propicia, justamente, uma probabilidade superior a essa transmutação final em certeza e como que um envoltório ou um limite a todos os aspectos do método.

*  *  *

Perguntávamos inicialmente: qual é a relação entre os três conceitos fundamentais de Duração, de Memória e de Impulso vital? Que progresso marcam eles na filosofia de Bergson? Parece-nos que a Duração define essencialmente uma multiplicidade virtual (*o que difere por natureza*). A Memória aparece, então, como a coexistência de todos os *graus de diferença* nessa multiplicidade, nessa virtualidade. Finalmente, o Impulso vital designa a atualização desse virtual segundo *linhas de diferenciação* que se correspondem com os graus — até essa linha precisa do homem, na qual o Impulso vital toma consciência de si.

---

[40] Cf. *MR*, 1.184; 260 — lembremo-nos de que a noção de probabilidade tem a maior importância no método bergsoniano, e que a intuição é tanto um método de exterioridade quanto de interioridade.

# APÊNDICE

A paginação da publicação original do texto deste apêndice — Gilles Deleuze, "Bergson", em Maurice Merleau-Ponty (org.), *Les Philosophes célèbres*, Paris, Mazenod, 1956, pp. 292-9 — está anotada entre colchetes ao longo da tradução. Também entre colchetes aparecem as notas do revisor técnico. As referências em nota foram reatualizadas e completadas, e sua paginação remete às edições correntes das obras de Bergson publicadas pela coleção Quadrige da Presses Universitaires de France.

*Luiz B. L. Orlandi*

# I.
# BERGSON
# (1956)

[292] Um grande filósofo é aquele que cria novos conceitos: esses conceitos ultrapassam as dualidades do pensamento ordinário e, ao mesmo tempo, dão às coisas uma verdade nova, uma distribuição nova, um recorte extraordinário. O nome de Bergson permanece ligado às noções de *duração, memória, impulso vital, intuição*. Sua influência e seu gênio se avaliam graças à maneira pela qual tais conceitos se impuseram, foram utilizados, entraram e permaneceram no mundo filosófico. Desde *Os dados imediatos*, o conceito original de duração estava formado; em *Matéria e memória*, um conceito de memória; em *A evolução criadora*, o de impulso vital. A relação das três noções vizinhas deve indicar-nos o desenvolvimento e o progresso da filosofia bergsoniana. Qual é, pois, essa relação?

Em primeiro lugar, entretanto, nós nos propomos estudar somente a intuição, não que ela seja o essencial, mas porque ela é capaz de nos ensinar sobre a natureza dos problemas bergsonianos. Não é por acaso que, falando da intuição, Bergson nos mostra qual é a importância, na vida do espírito, de uma atividade que põe e constitui os problemas:[1] há mais falsos problemas do que falsas soluções, e eles aparecem antes de haver falsas soluções para os verdadeiros problemas. Ora, se uma certa intuição encontra-se sempre no coração da doutrina de um filósofo, uma das originalidades de Bergson está em que sua doutrina organizou a própria intuição como um verdadeiro método, método para eliminar os falsos problemas, para propor os problemas com verdade, método que os propõe então em termos de *duração*. "As questões relativas ao sujeito e ao objeto, à sua distinção e à sua união, devem ser propostas mais em função do tempo do

---

[1] *La Pensée et le mouvant*, II. [Bergson, *La Pensée et le mouvant: essais et conférences*, 1934, cap. II, Paris, PUF, Quadrige nº 78, 1990, doravante *PM*.]

que do espaço."[2] Sem dúvida, é a duração que julga a intuição, como Bergson lembrou várias vezes, mas, ainda assim, é somente a intuição que pode, quando tomou consciência de si como método, buscar a duração nas coisas, evocar a duração, requerer a duração, precisamente porque ela deve à duração tudo o que ela é. Portanto, se a intuição não é um simples gozo, nem um pressentimento, nem simplesmente um procedimento afetivo, nós devemos determinar primeiramente qual é o seu caráter realmente metódico.

A primeira característica da intuição é que, nela e por ela, alguma coisa se apresenta, se dá em pessoa, em vez de ser inferida de outra coisa e concluída. O que está em questão, aqui, é já a orientação geral da filosofia; com efeito, não basta dizer que a filosofia está na origem das ciências e que ela foi sua mãe; agora que elas estão adultas e bem constituídas, é preciso perguntar por que há ainda filosofia, em que a ciência não basta. *[293]* Ora, a filosofia respondeu de apenas duas maneiras a uma tal questão, e isto porque, sem dúvida, há somente duas respostas possíveis: uma vez dito que a ciência nos dá um conhecimento das coisas, que ela está, portanto, em certa relação com elas, a filosofia pode renunciar a rivalizar com a ciência, pode deixar-lhe as coisas, e só apresentar-se de uma maneira crítica como uma reflexão sobre esse conhecimento que se tem delas. Ou então, ao contrário, a filosofia pretende instaurar, ou antes restaurar, *uma outra* relação com as coisas, portanto *um outro* conhecimento, conhecimento e relação que a ciência precisamente nos ocultava, de que ela nos privava, porque ela nos permitia somente concluir e inferir, sem jamais nos apresentar, nos dar a coisa em si mesma. É nessa segunda via que Bergson se empenha, repudiando as filosofias críticas, quando ele nos mostra na ciência, e também na atividade técnica, na inteligência, na linguagem cotidiana, na vida social e na necessidade prática, enfim e sobretudo, no espaço, outras tantas formas e relações que nos separam das coisas e de sua interioridade.

Mas a intuição tem uma segunda característica: assim compreendida, ela se apresenta como um retorno. Com efeito, a relação filosó-

---

[2] *Matière et mémoire*, I, p. 74. [Bergson, *Matière et mémoire: essai sur la relation du corps à l'esprit*, 1896, cap. I, Paris, PUF, Quadrige nº 29, 1990, p. 74, doravante *MM*.]

fica que nos insere nas coisas, em vez de nos deixar de fora, é mais restaurada do que instaurada pela filosofia, é mais reencontrada do que inventada. Estamos separados das coisas, o dado imediato não é, portanto, imediatamente dado; mas nós não podemos estar separados por um simples acidente, por uma mediação que viria de nós, que concerniria tão somente a nós: é preciso que esteja fundado nas próprias coisas o movimento que as desnatura; para que terminemos por perdê-las, é preciso que as coisas comecem por se perder; é preciso que um esquecimento esteja fundado no ser. A matéria é justamente, no ser, aquilo que prepara e acompanha o espaço, a inteligência e a ciência. É graças a isso que Bergson faz coisa totalmente distinta de uma psicologia, vez que, mais do que ser a simples inteligência um princípio psicológico da matéria e do espaço, a própria matéria é um princípio ontológico da inteligência.[3] É por isso também que ele não recusa direito algum ao conhecimento científico, e nos diz que esse conhecimento não nos separa simplesmente das coisas e de sua verdadeira natureza, mas que apreende pelo menos uma das duas metades do ser, um dos dois lados do absoluto, um dos dois movimentos da natureza, aquele em que a natureza se distende e se põe ao exterior de si.[4] Bergson irá mesmo mais longe, uma vez que, em certas condições, a ciência pode unir-se à filosofia, ou seja, ter acesso com ela a uma compreensão total.[5] De qualquer maneira, nós podemos dizer desde já que não haverá em Bergson a menor distinção de dois mundos, um sensível, outro inteligível, mas somente dois movimentos ou antes dois sentidos de um único e mesmo movimento: um deles é tal que o movimento tende a se congelar em seu produto, no resultado que o interrompe; o outro sentido é o que retrocede, que reencontra no produto o movimento do qual ele resulta. Do mesmo modo, os dois sentidos são naturais, cada um à sua maneira: o primeiro se faz segundo a natureza, mas esta corre aí o risco de se perder a cada repouso, a cada respiração; o segundo se faz contra a natureza, mas ela aí se reen-

---

[3] *L'Évolution créatrice*, III. [Bergson, *L'Évolution créatrice*, 1907, Paris, PUF, Quadrige nº 8, 1989, doravante *EC*.]

[4] *PM*, II.

[5] *PM*, VI.

contra, ela se retoma na tensão. O segundo só pode ser encontrado sob o primeiro, e é sempre assim que ele é reencontrado. Nós reencontramos o imediato porque, para encontrá-lo, precisamos retornar. Em filosofia, a primeira vez é já a segunda; é essa a noção de fundamento. Sem dúvida, de certa maneira, o produto é que *é*, e o movimento é que não é, que não é mais. Mas não é nesses termos que se deve propor o problema do ser. A cada instante, o movimento já não é, mas isso porque, precisamente, ele não se compõe de instantes, porque os instantes são apenas as suas paradas reais ou virtuais, seu produto e a sombra de seu produto. O ser não se compõe com presentes. De outra maneira, portanto, o produto é que não é e o movimento é que *já era*. Em um passo de Aquiles, os instantes e os pontos não são segmentados. Bergson nos mostra isso em seu livro mais difícil: não é o presente que é e o passado que não é mais, mas o presente é útil, o ser é o passado, o ser era[6] — *[294]* veremos que essa tese funda o imprevisível e o contingente, ao invés de suprimi-los. Bergson substituiu a distinção de dois mundos pela distinção de dois movimentos, de dois sentidos de um único e mesmo movimento, o espírito e a matéria, de dois tempos na mesma duração, o passado e o presente, que ele soube conceber como coexistentes justamente porque eles estavam na mesma duração, um sob o outro e não um depois do outro. Trata-se de nos levar, ao mesmo tempo, a compreender a distinção necessária como diferença de tempo, e também a compreender tempos diferentes, o presente e o passado, como contemporâneos um do outro, e formando o mesmo mundo. Nós veremos de que maneira.

    Por que dar o nome de imediato àquilo que reencontramos? O que é imediato? Se a ciência é um conhecimento real da coisa, um conhecimento da realidade, o que ela perde ou simplesmente corre o risco de perder não é exatamente a coisa. O que a ciência corre o risco de perder, a menos que se deixe penetrar de filosofia, é menos a própria coisa do que a diferença da coisa, o que faz seu ser, o que faz que ela seja sobretudo isto do que aquilo, sobretudo isto do que outra coisa. Bergson denuncia com energia o que lhe parece ser falsos problemas: por que há, sobretudo, algo ao invés de nada, por que,

---

[6] *MM*, III.

sobretudo, a ordem ao invés da desordem?[7] Se tais problemas são falsos, mau propostos, isso acontece por duas razões. Primeiro, porque eles fazem do ser uma generalidade, algo de imutável e de indiferente que, no conjunto imóvel em que é tomado, pode distinguir-se tão somente do nada, do não ser. Em seguida, mesmo que se tente dar um movimento ao ser imutável assim posto, tal movimento será apenas o da contradição, ordem e desordem, ser e nada, uno e múltiplo. Mas, de fato, assim como o movimento não se compõe de pontos do espaço ou de instantes, o ser não pode se compor de dois pontos de vista contraditórios: as malhas seriam muito frouxas.[8] O ser é um mau conceito enquanto serve para opor tudo o que é ao nada, ou a própria coisa a tudo aquilo que ela não é: nos dois casos, o ser abandonou, desertou das coisas, não passa de uma abstração. Portanto, a questão bergsoniana não é: por que alguma coisa ao invés de nada? mas: por que isto ao invés de outra coisa? Por que tal tensão da duração?[9] Por que esta velocidade ao invés de uma outra?[10] Por que tal proporção?[11] E por que uma percepção vai evocar tal lembrança, ou colher certas frequências, umas ao invés de outras?[12] Isso quer dizer que o ser é a diferença, e não o imutável ou o indiferente, tampouco a contradição, que é somente um falso movimento. O ser é a própria diferença da coisa, aquilo que Bergson chama frequentemente de *nuança*. "Um empirismo digno deste nome [...] talha para o objeto um conceito apropriado ao objeto apenas, conceito do qual mal se pode dizer que ainda seja um conceito, uma vez que ele só se aplica unicamente a esta coisa."[13] E, em um texto curioso, no qual Bergson atribui a Ravaisson a intenção de opor a intuição intelectual à ideia geral como a luz branca à simples ideia de cor, lê-se ainda: "Em lugar de diluir seu pensamento no geral, o filósofo deve concentrá-lo no indi-

[7] *EC*, III.
[8] *PM*, IV.
[9] *PM*, VIII.
[10] *EC*, IV.
[11] *EC*, II.
[12] *MM*, III.
[13] *PM*, VI, pp. 196-7.

vidual [...] O objeto da metafísica é reapreender, nas existências individuais, seguindo-o até a fonte de que ele emana, o raio particular que, conferindo a cada uma delas sua nuança própria, torna assim a ligá-la à luz universal".[14] O imediato é precisamente a identidade da coisa e de sua diferença, tal como a filosofia a reencontra ou a "reapreende". Na ciência e na metafísica, Bergson denuncia um perigo comum: deixar escapar a diferença, porque uma concebe a coisa como um produto e um resultado, porque a outra concebe o ser como algo de imutável a servir de princípio. Ambas pretendem atingir o ser ou recompô-lo a partir de semelhanças e de oposições cada vez mais vastas, mas a semelhança e a oposição são quase sempre categorias práticas, não ontológicas. Donde a insistência de Bergson em mostrar que, graças a uma semelhança, corremos o risco de pôr coisas extremamente diferentes sob uma mesma palavra, coisas que diferem por natureza.[15] O ser, de fato, *[295]* está do lado da diferença, nem uno nem múltiplo. Mas o que é a nuança, a diferença da coisa, o que é a diferença do pedaço de açúcar? Não é simplesmente sua diferença em relação a uma outra coisa: nós só teríamos aí uma relação puramente exterior, remetendo-nos em última instância ao espaço. Não é tampouco sua diferença em relação a tudo o que o pedaço de açúcar não é: seríamos remetidos a uma dialética da contradição. Já Platão não queria que se confundisse a alteridade com uma contradição; mas, para Bergson, a alteridade ainda não basta para fazer que o ser alcance as coisas e seja verdadeiramente o ser das coisas. Ele substitui o conceito platônico de alteridade por um conceito aristotélico, aquele de alteração, para fazer desta a própria substância. O ser é alteração, a alteração é substância.[16] E é bem isso que Bergson denomina *duração*, pois todas as características pelas quais ele a define, desde *Os dados imediatos*, voltam sempre a isto: a duração é o que difere ou o que muda de natureza, a qualidade, a heterogeneidade, o que difere de si mesmo. O ser do pedaço de açúcar se definirá por uma duração, por um certo modo de durar, por uma certa distensão ou tensão da duração.

[14] *PM*, IX, pp. 259-60.
[15] *PM*, II.
[16] *PM*, V; *MM*, IV.

Como a duração tem esse poder? A questão pode ser proposta de outra maneira: se o ser é a diferença da coisa, o que daí resulta para a própria coisa? Encontramos aqui uma terceira característica da intuição, mais profunda que as precedentes. Como método, a intuição é um método que busca a diferença. Ela se apresenta como buscando e encontrando as diferenças de natureza, as "articulações do real". O ser é articulado; um falso problema é aquele que não respeita essas diferenças. Bergson gosta de citar o texto em que Platão compara o filósofo ao bom cozinheiro que corta segundo as articulações naturais; ele censura constantemente a ciência e a metafísica por terem perdido esse sentido das diferenças de natureza, por terem retido somente diferenças de grau aí onde havia uma coisa totalmente distinta, por terem, assim, partido de um "misto" mal-analisado. Uma das passagens mais célebres de Bergson nos mostra que a intensidade recobre de fato diferenças de natureza que a intuição pode reencontrar.[17] Mas sabemos que a ciência e mesmo a metafísica não inventam seus próprios erros ou suas ilusões: alguma coisa os funda no ser. Com efeito, enquanto nos achamos diante de produtos, enquanto as coisas com as quais estamos às voltas são ainda resultados, não podemos apreender as diferenças de natureza pela simples razão de que elas não estão aí: entre duas coisas, entre dois produtos, só há e só pode haver diferenças de grau, de proporção. O que difere por natureza nunca é uma coisa, mas uma tendência. A diferença de natureza não está entre dois produtos, entre duas coisas, mas em uma única e mesma coisa, entre duas tendências que a atravessam, está em um único e mesmo produto, entre duas tendências que aí se encontram.[18] Portanto, o que é puro nunca é a coisa; esta é sempre um misto que é preciso dissociar; somente a tendência é pura: isso quer dizer que a verdadeira coisa ou a substância é a própria tendência. Assim, a intuição aparece como um verdadeiro método de divisão: ela divide o misto em duas tendências que diferem por natureza. Reconhece-se o sentido dos dualismos caros a Bergson: não somente os títulos de muitas de suas

[17] *Essai sur les données immédiates de la conscience*, I. [Bergson, *Essais sur les données immédiates de la conscience: thèse principale*, 1889, Paris, PUF, Quadrige nº 31, 1988, doravante *DI*.]

[18] *EC*, II.

obras, mas cada um dos capítulos, e o anúncio que precede cada página, dão testemunho de um tal dualismo. A quantidade e a qualidade, a inteligência e o instinto, a ordem geométrica e a ordem vital, a ciência e a metafísica, o fechado e o aberto: essas são as figuras mais conhecidas. Sabe-se que, em última instância, elas se reconduzem à distinção, sempre reencontrada, da matéria e da duração. E matéria e duração nunca se distinguem como duas coisas, mas como dois movimentos, duas tendências, como a distensão e a contração. Mas é preciso ir mais longe: se o tema e a ideia de pureza têm uma grande importância na filosofia de Bergson, é porque as duas tendências não são puras em cada caso, ou não são igualmente puras. Só uma das duas tendências é pura, ou *simples*, sendo que a outra, ao contrário, desempenha [296] o papel de uma impureza que vem comprometê-la ou perturbá-la.[19] Na divisão do misto, há sempre uma metade direita, a que nos remete à duração. Com efeito, mais do que diferença de natureza entre as duas tendências que recortam a coisa, a própria diferença da coisa era uma das duas tendências. E se nos elevamos até a dualidade da matéria e da duração, vemos bem que a duração nos apresenta a própria natureza da diferença, a diferença de si para consigo, ao passo que a matéria é apenas o indiferente, aquilo que se repete ou o simples grau, o que não pode mais mudar de natureza. Não se vê ao mesmo tempo que o dualismo é um momento já ultrapassado na filosofia de Bergson? Com efeito, se há uma metade privilegiada na divisão, é preciso que tal metade contenha em si o segredo da outra. Se toda diferença está de um lado, é preciso que este lado compreenda sua diferença em relação ao outro, e, de uma certa maneira, o próprio outro ou sua possibilidade. A duração difere da matéria, mas porque ela é, inicialmente, o que difere em si e de si, de modo que a matéria da qual ela difere é ainda duração. Enquanto ficamos no dualismo, a coisa está no ponto de encontro de dois movimentos: a duração, que não tem graus por si própria, encontra a matéria como um movimento contrário, como um certo obstáculo, uma certa impureza que a perturba, que interrompe seu impulso, que lhe dá aqui tal grau, ali tal outro.[20] Porém, mais profundamente, é em si que a duração é

[19] *MM*, I.
[20] *EC*, III.

suscetível de graus, porque ela é o que difere de si, de modo que cada coisa é inteiramente definida na duração, aí compreendida a própria matéria. Em uma perspectiva ainda dualista, a duração e a matéria se opunham como o que difere por natureza e o que só tem graus; porém, mais profundamente, há graus da própria diferença, sendo a matéria somente o mais baixo, o próprio ponto onde a diferença, justamente, *é tão somente* uma diferença de grau.[21] Se é verdadeiro que a inteligência está do lado da matéria em função do objeto sobre o qual ela incide, resta que só se pode defini-la em si, mostrando de que maneira ela, que domina seu objeto, dura. E, se se trata de definir, enfim, a própria matéria, não bastará mais apresentá-la como obstáculo e como impureza; será sempre preciso mostrar como ela, cuja vibração ocupa ainda vários instantes, dura. Assim, toda coisa é completamente definida do lado direito, reto, por uma certa duração, por um certo grau da própria duração.

Um misto se decompõe em duas tendências, das quais uma é a duração, simples e indivisível; mas, ao mesmo tempo, a duração se diferencia em duas direções, das quais a outra é a matéria. O espaço é decomposto em matéria e em duração, mas a duração se diferencia em contração e em distensão, sendo esta o princípio da matéria. Portanto, se o dualismo é ultrapassado em direção ao monismo, o monismo nos dá um novo dualismo, dessa vez controlado, dominado, pois não é do mesmo modo que o misto se decompõe e o simples se diferencia. Assim, o método da intuição tem uma quarta e última característica: ele não se contenta em seguir as articulações naturais para segmentar as coisas, ele remonta ainda às "linhas de fatos", às linhas de diferenciação, para reencontrar o simples como uma convergência de probabilidades; ele não apenas corta, mas recorta, torna a cortar.[22] A diferenciação é o poder do que é simples, indivisível, do que dura. Aqui é que vemos sob qual aspecto a própria duração é um *impulso vital*. Bergson encontra na Biologia, particularmente na evo-

---

[21] *MM*, IV; *PM*, VI.

[22] *Les Deux sources de la morale et de la religion*, III; *L'Énergie spirituelle*, I. [Bergson, *Les Deux sources de la morale et de la religion*, 1932, Paris, PUF, Quadrige nº 34, 1988 (2003), doravante *MR*; Bergson, *L'Énergie spirituelle*, 1919, Paris, PUF, Quadrige nº 36, 1990 (2005), doravante *ES*.]

lução das espécies, a marca de um processo essencial à vida, justamente o da diferenciação como produção das diferenças reais, processo do qual ele vai procurar o conceito e as consequências filosóficas. As páginas admiráveis que ele escreveu em *A evolução criadora* e em *As duas fontes* nos mostram uma tal atividade da vida, culminando na planta e no animal, ou então no instinto e na inteligência, ou ainda nas diversas formas de um mesmo instinto. Para Bergson, a diferenciação parece *[297]* ser o modo do que se realiza, se atualiza ou se faz. Uma virtualidade que se realiza é, ao mesmo tempo, o que se diferencia, isto é, aquilo que dá séries divergentes, linhas de evolução, espécies. "A essência de uma tendência é desenvolver-se em forma de feixe, criando, tão só pelo fato do seu crescimento, direções divergentes."[23] O impulso vital, portanto, será a própria duração à medida que se atualiza, à medida que se diferencia. O impulso vital é a diferença à medida que ela passa ao ato. Desse modo, a diferenciação não vem simplesmente de uma resistência da matéria, mas, mais profundamente, de uma força da qual a duração é em si mesma portadora: a dicotomia é a lei da vida. E a censura que Bergson dirige ao mecanicismo e ao finalismo em biologia, assim como à dialética em filosofia, é que eles, de pontos de vista diferentes, sempre compõem o movimento como uma relação entre termos atuais, em vez de aí verem a realização de um virtual. Mas, se a diferenciação é assim o modo original e irredutível pelo qual uma virtualidade se realiza, e se o impulso vital é a duração que se diferencia, eis que a própria duração é a virtualidade. *A evolução criadora* traz a *Os dados imediatos* o aprofundamento assim como o prolongamento necessários. Com efeito, desde *Os dados imediatos* a duração se apresentava como o virtual ou o subjetivo, porque ela era menos o que não se deixa dividir do que o que muda de natureza ao dividir-se.[24] Compreendemos que o virtual não é um atual, mas não é menos um modo de ser; bem mais, ele é, de certa maneira, o próprio ser: nem a duração, nem a vida, nem o movimento são atuais, mas aquilo em que toda atualidade, toda realidade se distingue e se compreende, tem sua raiz. Realizar-se é sempre o ato de um todo que não se torna inteiramente real ao mes-

[23] *EC*, II, p. 100.
[24] *DI*, II.

mo tempo, no mesmo lugar, nem na mesma coisa, de modo que ele produz espécies que diferem por natureza, sendo ele próprio essa diferença de natureza entre as espécies que produz. Bergson dizia constantemente que a duração era a mudança de natureza, de qualidade. "Entre a luz e a obscuridade, entre cores, entre nuanças, a diferença é absoluta. A passagem de uma à outra é também um fenômeno absolutamente real."[25]

Temos, portanto, como que dois extremos, a duração e o impulso vital, o virtual e sua realização. É preciso dizer, ainda, que a duração já é impulso vital, porque é da essência do virtual realizar-se; portanto, é preciso um terceiro aspecto que nos mostre isto, um aspecto de algum modo intermediário em relação aos dois precedentes. É justamente sob este terceiro aspecto que a duração se chama *memória*. Por todas as suas características, com efeito, a duração é uma memória, porque ela prolonga o passado no presente, "*seja* porque o presente encerra distintamente a imagem sempre crescente do passado, *seja* sobretudo porque ele, pela sua contínua mudança de qualidade, dá testemunho da carga cada vez mais pesada que alguém carrega em suas costas à medida que vai cada vez mais envelhecendo".[26] Anotemos que a memória é sempre apresentada por Bergson de duas maneiras: memória-lembrança e memória-contração, sendo a segunda a essencial.[27] Por que essas duas figuras, as quais vão dar à memória um estatuto filosófico inteiramente novo? A primeira nos remete a uma sobrevivência do passado. Mas, dentre todas as teses de Bergson, talvez seja esta a mais profunda e a menos bem compreendida, a tese segundo a qual o passado sobrevive em si.[28] Porque essa própria sobrevivência é a duração, a duração é em si memória. Bergson nos mostra que a lembrança não é a representação de alguma coisa que foi; o passado é isso em que nós nos colocamos *de súbito* para nos lembrar.[29] O passado não tem porque sobreviver psicologicamente e nem

---

[25] *MM*, IV, p. 219.
[26] *PM*, VI, p. 201.
[27] *MM*, I.
[28] *MM*, III.
[29] *ES*, V.

fisiologicamente em nosso cérebro, pois ele não deixou de ser, parou apenas de ser útil; ele é, ele sobrevive em si. E esse ser em si do passado é tão somente a consequência imediata de uma boa *proposição* do problema: pois se o passado devesse esperar não mais ser, se ele não fosse de imediato e desde já "*passado* em geral", jamais poderia ele tornar-se o que é, jamais seria ele *este* passado. Portanto, o passado é o em si, o inconsciente ou, justamente, *[298]* como diz Bergson, o *virtual*.[30] Mas em que sentido é ele virtual? É aí que devemos encontrar a segunda figura da memória. O passado não se constitui *depois* de ter sido presente, ele *coexiste consigo como presente*. Se refletirmos sobre isto, veremos bem que a dificuldade filosófica da própria noção de passado vem do estar ele de algum modo interposto entre dois presentes: o presente que ele foi e o atual presente em relação ao qual ele é agora passado. A falha da psicologia, propondo mal o *problema*, foi ter retido o segundo presente e, consequentemente, ter buscado o passado a partir de alguma coisa de atual, além de, finalmente, tê-lo mais ou menos posto no cérebro. Mas, de fato, "a memória de modo algum consiste em uma regressão do presente ao passado".[31] O que Bergson nos mostra é que, se o passado não é passado ao mesmo tempo em que é presente, ele jamais poderá constituir-se e, menos ainda, ser reconstituído a partir de um presente ulterior. Eis, portanto, em que sentido o passado coexiste consigo como presente: a duração é tão somente essa própria coexistência, essa coexistência de si consigo. Logo, o passado e o presente devem ser pensados como dois graus extremos coexistindo na duração, graus que se distinguem, um pelo seu estado de distensão, o outro por seu estado de contração. Uma metáfora célebre nos diz que, a cada nível do cone, há todo o nosso passado, mas em graus diferentes: o presente é somente o grau mais contraído do passado. "A mesma vida psíquica seria, portanto, repetida um número indefinido de vezes, em camadas sucessivas da memória, e o mesmo ato do espírito poderia se exercer em muitas alturas diferentes"; "tudo se passa como se nossas lembranças fossem repetidas um número indefinido de vezes nessas milhares de reduções

---

[30] *MM*, III.
[31] *MM*, IV, p. 269.

possíveis de nossa vida passada"; tudo é mudança de energia, de tensão, e nada mais.[32] A cada grau há tudo, mas tudo coexiste com tudo, ou seja, com os outros graus. Assim, vemos finalmente *o que* é virtual: são os próprios graus coexistentes e como tais.[33] Tem-se razão em definir a duração como uma sucessão, mas falha-se em insistir nisso, pois ela só é efetivamente sucessão real por ser coexistência virtual. A propósito da intuição, Bergson escreve: "Somente o método de que falamos permite ultrapassar o idealismo tanto quanto o realismo, afirmar a existência de objetos inferiores e superiores a nós, conquanto sejam em certo sentido interiores a nós, e fazê-los coexistir juntos sem dificuldade".[34] E se, com efeito, pesquisamos a passagem de *Matéria e memória* à *Evolução criadora*, vemos que os graus coexistentes são ao mesmo tempo o que faz da duração algo de virtual e o que, entretanto, faz que a duração se atualize a cada instante, porque eles desenham outros tantos planos e níveis que determinam todas as linhas de diferenciação possíveis. Em resumo, as séries realmente divergentes nascem, na duração, de graus virtuais coexistentes. Entre a inteligência e o instinto, há uma diferença de natureza, porque eles estão nos extremos de duas séries que divergem; mas o que essa diferença de natureza exprime enfim senão dois graus que coexistem na duração, dois graus diferentes de distensão e de contração? É assim que cada coisa, cada ser é o todo, mas o todo que se realiza em tal ou qual grau. Nas primeiras obras de Bergson, a duração pode parecer uma realidade sobretudo psicológica; mas o que é psicológico é somente *nossa* duração, ou seja, um certo grau bem-determinado.

> "Se, em lugar de pretender analisar a duração (ou seja, no fundo, fazer sua síntese com conceitos), instalamo-nos primeiramente nela por um esforço de intuição, teremos o sentimento de uma certa *tensão* bem-determinada, cuja própria determinação aparece como uma escolha entre uma infinidade de durações possíveis. Perceberemos então nu-

---

[32] *MM*, II, p. 115 e III, p. 188.
[33] *MM*, III.
[34] *PM*, VI, pp. 206-7.

merosas durações, tantas quanto queiramos, todas muito diferentes umas das outras..."[35]

Eis por que o segredo do bergsonismo está sem dúvida em *Matéria e memória*; aliás, Bergson nos diz que sua obra consistiu em refletir sobre isto: que tudo não está dado. Que tudo não esteja dado, eis a realidade do tempo. Mas o que significa uma tal realidade? Ao mesmo tempo, que o dado supõe um movimento que o inventa ou cria, e que esse movimento não deve ser concebido à imagem do dado.[36] O que Bergson critica na ideia de *possível* é que esta nos apresenta [299] um simples decalque do produto, decalque em seguida projetado ou antes retroprojetado sobre o movimento de produção, sobre a invenção.[37] Mas o virtual não é a mesma coisa que o possível: a realidade do tempo é finalmente a afirmação de uma virtualidade que se realiza, e para a qual realizar-se é inventar. Com efeito, se tudo não está dado, resta que o virtual é o todo. Lembremo-nos de que o impulso vital é finito: o todo é o que se realiza em espécies, que não são à sua imagem, como tampouco são elas à imagem umas das outras; ao mesmo tempo, cada uma corresponde a um certo grau do todo, e difere por natureza das outras, de maneira que o próprio todo apresenta-se, ao mesmo tempo, como a diferença de natureza na realidade e como a coexistência dos graus no espírito.

Se o passado coexiste consigo como presente, se o presente é o grau mais contraído do passado coexistente, eis que esse mesmo presente, por ser o ponto preciso onde o passado se lança em direção ao futuro, se define como aquilo que muda de natureza, o sempre novo, a eternidade de vida.[38] Compreende-se que um tema lírico percorra toda a obra de Bergson: um verdadeiro canto em louvor ao novo, ao imprevisível, à invenção, à liberdade. Não há aí uma renúncia da filosofia, mas uma tentativa profunda e original para descobrir o domínio próprio da filosofia, para atingir a própria coisa para além da

---

[35] *PM*, VI, p. 208.
[36] *EC*, IV.
[37] *PM*, III.
[38] *PM*, VI.

ordem do possível, das causas e dos fins. Finalidade, causalidade, possibilidade estão sempre em relação com a coisa uma vez pronta, e supõem sempre que "tudo" esteja dado. Quando Bergson critica essas noções, quando nos fala em indeterminação, ele não nos está convidando a abandonar as razões, mas a alcançarmos a verdadeira razão da coisa em vias de se fazer, a razão filosófica, que não é determinação, mas diferença. Encontramos todo o movimento do pensamento bergsoniano concentrado em *Matéria e memória* sob a tríplice forma da diferença de natureza, dos graus coexistentes da diferença, da diferenciação. Bergson nos mostra inicialmente que há uma diferença de natureza entre o passado e o presente, entre a lembrança e a percepção, entre a duração e a matéria: os psicólogos e os filósofos falharam ao partir, em todos os casos, de um misto mal-analisado. Em seguida, ele nos mostra que ainda não basta falar em uma diferença de natureza entre a matéria e a duração, entre o presente e o passado, uma vez que toda a questão é justamente saber *o que é* uma diferença de natureza: ele mostra que a própria duração é essa diferença, que ela é a natureza da diferença, de modo que ela compreende a matéria como seu mais baixo grau, seu grau mais distendido, como um *passado infinitamente dilatado*, e compreende a si mesma ao se contrair como um *presente extremamente comprimido, retesado*. Enfim, ele nos mostra que, se os graus coexistem na duração, a duração é a cada instante o que se diferencia, seja porque se diferencia em passado e em presente ou, se se prefere, seja porque o presente se desdobra em duas direções, uma em direção ao passado, outra em direção ao futuro. A esses três tempos correspondem, no conjunto da obra, as noções de duração, de memória e de impulso vital. O projeto que se encontra em Bergson, o de alcançar as coisas, rompendo com as filosofias críticas, não é absolutamente novo, mesmo na França, uma vez que ele define uma concepção geral da filosofia e sob vários de seus aspectos participa do empirismo inglês. Mas o método é profundamente novo, assim como os três conceitos essenciais que lhe dão seu sentido.

*Tradução de Lia de Oliveira Guarino*

A paginação da publicação original do texto deste apêndice — Gilles Deleuze, "La Conception de la différence chez Bergson", *Les Études Bergsoniennes*, vol. IV, Paris, Albin Michel/PUF, 1956, pp. 77-112 — está anotada entre colchetes ao longo da tradução. Também entre colchetes aparecem as notas do revisor técnico.

*Luiz B. L. Orlandi*

## II.
## A CONCEPÇÃO DA DIFERENÇA EM BERGSON
(1956)

*[79]* A noção de diferença deve lançar uma certa luz sobre a filosofia de Bergson, mas, inversamente, o bergsonismo deve trazer a maior contribuição para uma filosofia da diferença. Uma tal filosofia opera sempre sobre dois planos, metodológico e ontológico. De um lado, trata-se de determinar as diferenças de natureza entre as coisas: é somente assim que se poderá "retornar" às próprias coisas, dar conta delas sem reduzi-las a outra coisa, apreendê-las em seu ser. Mas, por outro lado, se o ser das coisas está de um certo modo em suas diferenças de natureza, podemos esperar que a própria diferença seja alguma coisa, que ela tenha uma natureza, que ela nos confiará enfim o Ser. Esses dois problemas, metodológico e ontológico, remetem-se perpetuamente um ao outro: o problema das diferenças de natureza e o da natureza da diferença. Em Bergson, nós os reencontramos em seu liame, nós surpreendemos a passagem de um ao outro.

*O que Bergson censura essencialmente a seus antecessores é não terem visto as verdadeiras diferenças de natureza.* A constância de uma tal crítica nos mostra ao mesmo tempo a importância do tema em Bergson. Aí onde havia diferenças de natureza foram retidas apenas diferenças de grau. Sem dúvida, surge por vezes a censura inversa; aí onde havia somente diferenças de grau foram postas diferenças de natureza, por exemplo, entre a faculdade dita perceptiva do cérebro e as funções reflexas da medula, entre a percepção da matéria e a própria matéria.[1] Mas esse segundo aspecto da mesma crítica não tem a

---

[1] *MM*, p. 19; 62-3. [Como Deleuze fez em *Le Bergsonisme*, o primeiro algarismo, à esquerda do ponto e vírgula, remete à paginação da própria Édition du Centenaire, *Oeuvres*, Paris, PUF, 1963, ao passo que o segundo algarismo, à direita do ponto e vírgula, remete à antiga paginação dos livros publicados antes e, depois, incorporados à Édition du Centenaire.]

frequência nem a importância do primeiro. Para julgar acerca do mais importante, *[80]* é preciso que se interrogue a respeito do alvo da filosofia. Se a filosofia tem uma relação positiva e direta com as coisas, isso somente ocorre à medida que ela pretende apreender a coisa mesma a partir daquilo que tal coisa é, em sua diferença a respeito de tudo aquilo que não é ela, ou seja, em sua *diferença interna*. Objetar-se-á que a diferença interna não tem sentido, que uma tal noção é absurda; mas, então, negar-se-á, ao mesmo tempo, que haja diferenças de natureza entre coisas do mesmo gênero. Ora, se há diferenças de natureza entre indivíduos de um mesmo gênero, deveremos reconhecer, com efeito, que a própria diferença não é simplesmente espaço-temporal, que não é tampouco genérica ou específica, enfim, que não é exterior ou superior à coisa. Eis por que é importante, segundo Bergson, mostrar que as ideias gerais nos apresentam, ao menos mais frequentemente, dados extremamente diferentes em um agrupamento tão só utilitário: "Suponhais que, examinando os estados agrupados sob o nome de prazer, nada de comum se descubra entre eles, a não ser serem estados buscados pelo homem: a humanidade terá classificado coisas muito diferentes em um mesmo gênero, porque encontrava nelas o mesmo interesse prático e reagia a todas da mesma maneira".[2] É nesse sentido que as diferenças de natureza são já a chave de tudo: é preciso partir delas, é preciso inicialmente reencontrá-las. Sem prejulgar a natureza da diferença como diferença interna, sabemos já que ela existe, *supondo-se que haja diferenças de natureza entre coisas de um mesmo gênero*. Logo, ou bem a filosofia se proporá *esse* meio e *esse* alvo (diferenças de natureza para chegar à diferença interna), ou bem ela só terá com as coisas uma relação negativa ou genérica, ela desembocará no elemento da crítica ou da generalidade, em todo caso em um estado da reflexão tão só exterior. Situando-se no primeiro ponto de vista, Bergson propõe o ideal da filosofia: talhar, "para o objeto, um conceito apropriado tão somente ao objeto, *[81]* conceito do qual mal se pode dizer que seja ainda um conceito, uma vez que só se aplica unicamente a esta coisa".[3] Essa unidade da coisa e do

---

[2] *PM*, pp. 52-3.
[3] *PM*, p. 197.

conceito é a diferença interna, à qual nos elevamos pelas diferenças de natureza.

A intuição é o gozo da diferença. Mas ela não é somente o gozo do resultado do método, ela própria é o método. Como tal, ela não é um ato único, ela nos propõe uma pluralidade de atos, uma pluralidade de esforços e de direções.[4] Em seu primeiro esforço, a intuição é a determinação das diferenças de natureza. E como essas diferenças estão entre as coisas, trata-se de uma verdadeira distribuição, de um problema de distribuição. É preciso dividir a realidade segundo suas articulações,[5] e Bergson cita de bom grado o famoso texto de Platão sobre o corte e o bom cozinheiro. Mas a diferença de natureza entre duas coisas não é ainda a diferença interna da própria coisa. Das *articulações do real* devemos distinguir as *linhas de fatos*,[6] que definem um outro esforço da intuição. E, se em relação às articulações do real a filosofia bergsoniana se apresenta como um verdadeiro "empirismo", em relação às linhas de fatos ela se apresentará sobretudo como um "positivismo", e mesmo como um probabilismo. As articulações do real distribuem as coisas segundo suas diferenças de natureza, formam uma diferenciação. As linhas de fatos são direções, cada uma das quais se segue até a extremidade, direções que convergem para uma única e mesma coisa; elas definem uma integração, constituindo cada qual uma linha de probabilidade. Em *A energia espiritual*, Bergson nos mostra a natureza da consciência no ponto de convergência de três linhas de fatos.[7] Em *As duas fontes*, a imortalidade da alma está na convergência de duas linhas de [82] fatos.[8] Neste sentido, a intuição não se opõe à hipótese, mas a engloba como hipótese. Em resumo, as articulações do real correspondem a um corte e as linhas de fato correspondem a uma "interseção".[9] O real, a um só tempo, é o que se corta e se interseciona. Seguramente, os caminhos são os mesmos nos

---

[4] *PM*, p. 207.
[5] *PM*, p. 23.
[6] *ES*, p. 4.
[7] *ES*, primeiro capítulo.
[8] *MR*, p. 263.
[9] *MR*, p. 292.

dois casos, mas o importante é o sentido que se tome neles, seguindo a divergência ou pegando o rumo da convergência. Pressentimos sempre dois aspectos da diferença: as articulações do real nos dão as diferenças de natureza entre as coisas; as linhas de fatos nos mostram a coisa mesma idêntica a sua diferença, a diferença interna idêntica a alguma coisa.

Negligenciar as diferenças de natureza em proveito dos gêneros é, portanto, mentir para com a filosofia. Perdemos as diferenças de natureza. Encontramo-nos diante de uma ciência que as substituiu por simples *diferenças de grau*, e diante de uma metafísica que, mais especialmente, as substituiu por simples *diferenças de intensidade*. A primeira questão é concernente à ciência: como fazemos para ver somente diferenças de grau? "Dissolvemos as diferenças qualitativas na homogeneidade do espaço que as subtende."[10] Sabemos que Bergson invoca as operações conjugadas da necessidade, da vida social e da linguagem, da inteligência e do espaço, sendo o espaço aquilo que a inteligência faz de uma matéria que a isso se presta. Em resumo, substituímos as articulações do real pelos modos só utilitários de agrupamento. Mas não é isso o mais importante; a utilidade não pode fundar o que a torna possível. Assim, é preciso insistir sobre dois pontos. Primeiramente, os graus têm uma realidade efetiva e, *sob uma outra forma que não a espacial*, estão eles já compreendidos de um certo modo nas diferenças de natureza: "por detrás de nossas distinções de qualidade", há quase sempre números.[11] Veremos que uma *[83]* das ideias mais curiosas de Bergson é que a própria diferença tem um número, um número virtual, uma espécie de número numerante. A utilidade, portanto, tão somente libera e expõe os graus compreendidos na diferença até que esta seja apenas uma diferença de grau. Mas, por outro lado, se os graus podem se liberar para, por si sós, formar diferenças, devemos buscar a razão disso no estado da experiência. O que o espaço apresenta ao entendimento, o que o entendimento encontra no espaço, são coisas, produtos, resultados e nada mais. Ora, entre coisas (no sentido de resultados), só há e só pode haver diferenças de

---

[10] *EC*, p. 217.

[11] *PM*, p. 61.

proporção.[12] O que difere por natureza não são as coisas, nem os estados de coisas, não são as características, mas as *tendências*. Eis porque a concepção da diferença específica não é satisfatória: é preciso estar atento não à presença de características, mas a sua tendência a desenvolver-se. "O grupo não se definirá mais pela posse de certas características, mas por sua tendência a acentuá-las."[13] Assim, em toda sua obra, Bergson mostrará que a tendência é primeira não só em relação ao seu produto, mas em relação às causas deste no tempo, sendo as causas sempre obtidas retroativamente a partir do próprio produto: em si mesma e em sua verdadeira natureza, uma coisa é a expressão de uma tendência antes de ser o efeito de uma causa. Em uma palavra, a simples diferença de grau será o justo estatuto das coisas separadas da tendência e apreendidas em suas causas elementares. As causas são efetivamente do domínio da quantidade. Consoante seja ele encarado em seu produto ou em sua tendência, o cérebro humano, por exemplo, apresentará com o cérebro animal uma simples diferença de grau ou toda uma diferença de natureza.[14] Assim, diz Bergson, *de um certo ponto de vista*, as diferenças de natureza desaparecem ou antes não podem aparecer. *[84]* "Colocando-se nesse ponto de vista", escreve ele a propósito da religião estática e da religião dinâmica, "aperceber-se-iam uma série de transições e como que diferenças de grau, lá onde realmente há uma diferença radical de natureza."[15] As coisas, os produtos, os resultados, são sempre *mistos*. O espaço apresentará sempre e a inteligência só encontrará mistos, misto do fechado e do aberto, da ordem geométrica e da ordem vital, da percepção e da afecção, da percepção e da memória... etc. É preciso compreender que o misto é sem dúvida uma mistura de tendências que diferem por natureza, mas, como mistura, é um estado de coisas em que é impossível apontar qualquer diferença de natureza. O misto é o que se vê do ponto de vista em que, por natureza, nada difere de nada. O homogêneo é o misto por definição, porque o sim-

---

[12] *EC*, p. 107.
[13] *EC*, p. 107.
[14] *EC*, pp. 184; 264-5.
[15] *MR*, p. 225.

ples é sempre alguma coisa que difere por natureza: somente as tendências são simples, puras. Assim, só podemos encontrar o que difere realmente reencontrando a tendência para além de seu produto. É preciso que nos sirvamos daquilo que o misto nos apresenta, das diferenças de grau ou de proporção, uma vez que não dispomos de outra coisa, mas delas nos serviremos somente como uma medida da tendência para chegar à tendência como à razão suficiente da proporção. "Esta diferença de proporção bastará para definir o grupo em que ela se encontra, se se pode estabelecer que ela não é acidental e que o grupo, à medida que evoluía, tendia cada vez mais a pôr o acento sobre essas características particulares."[16]

A metafísica, por sua vez, só retém diferenças de intensidade. Bergson nos mostra essa visão da intensidade percorrendo a metafísica grega: como esta define o espaço e o tempo como uma simples distensão, uma diminuição de ser, ela só encontra entre os seres propriamente ditos diferenças de intensidade, situando-os entre os dois limites de uma perfeição e *[85]* de um nada.[17] Precisamos ver como nasce tal ilusão, o que a leva a fundar-se, por sua vez, nas próprias diferenças de natureza. Notemos, desde já, que ela repousa menos sobre as ideias mistas do que sobre as pseudoideias, a desordem, o nada. Mas estas são ainda uma espécie de ideias mistas,[18] e a ilusão de intensidade repousa em última instância sobre a de espaço. Finalmente, só há um tipo de falsos problemas, os problemas que não respeitam em seu enunciado as diferenças de natureza. É um dos papéis da intuição o de denunciar seu caráter arbitrário.

Para chegar às verdadeiras diferenças, é preciso reencontrar o ponto de vista que permita dividir o misto. São as tendências que se opõem duas a duas, que diferem por natureza. A tendência é que é sujeito. Um ser não é o sujeito, mas a expressão da tendência, e, ainda, um ser é somente a expressão da tendência à medida que ela é contrariada por uma outra tendência. Assim, a intuição apresenta-se como um método da diferença ou da divisão: dividir o misto em duas

---

[16] *EC*, p. 107.

[17] *EC*, pp. 316 ss.

[18] *EC*, pp. 233, 235.

tendências. Esse método é coisa distinta de uma análise espacial, é mais do que uma descrição da experiência e menos (aparentemente) do que uma análise transcendental. Ele eleva-se até as condições do dado, mas tais condições são tendências-sujeito, são elas mesmas dadas de uma certa maneira, são vividas. Além disso, são ao mesmo tempo o puro e o vivido, o vivente e o vivido, o absoluto e o vivido. Que o fundamento seja fundamento, mas que não deixe de ser *constatado*, é isso o essencial, e sabemos o quanto Bergson insiste sobre o caráter empírico do impulso vital. Não devemos então nos elevar às condições como às condições de toda experiência possível, mas como às condições da experiência real: Schelling já se propunha esse alvo e definia sua filosofia como um empirismo superior. A fórmula é também adequada ao bergsonismo. Se tais condições podem e devem ser apreendidas em uma intuição, é justamente porque elas são *[86]* as condições da experiência real, porque elas não são mais amplas que o condicionado, porque o conceito que elas formam é idêntico ao seu objeto. Portanto, não é o caso de se espantar quando se encontra em Bergson uma espécie de princípio de razão suficiente e dos indiscerníveis. O que ele recusa é uma distribuição que põe a razão no gênero ou na categoria e que deixa o indivíduo na contingência, ou seja, no espaço. É preciso que a razão vá até o indivíduo, que o verdadeiro conceito vá até a coisa, que a compreensão chegue até o "isto". Por que isto antes que aquilo, eis a questão da diferença, que Bergson propõe sempre. Por que uma percepção vai evocar tal lembrança antes que uma outra?[19] Por que a percepção vai "colher" certas frequências, por que estas antes que outras?[20] Por que tal tensão da duração?[21] De fato, é preciso que a razão seja razão disso que Bergson denomina *nuança*. Na vida psíquica não há acidentes.[22] a nuança é a essência. Enquanto não achamos o conceito que só convenha ao próprio objeto, "o conceito único", contentamo-nos com explicar o objeto por meio de vários conceitos, de ideias gerais "das quais se supõe que ele par-

---

[19] *MM*, p. 182.
[20] *PM*, p. 61.
[21] *PM*, p. 208.
[22] *PM*, p. 179.

ticipe":[23] o que escapa, então, é que o objeto seja este antes que um outro do mesmo gênero, e que neste gênero haja tais proporções antes que outras. Só a tendência é a unidade do conceito e de seu objeto, de tal modo que o objeto não é mais contingente nem o conceito geral. Mas é provável que todas essas precisões concernentes ao método não evitem o impasse em que esse parece culminar. Com efeito, o misto deve ser dividido em duas tendências: as diferenças de proporção no próprio misto não nos dizem como encontraremos tais tendências, qual é a regra de divisão. Ainda mais, das duas tendências, qual será a boa? As duas *[87]* não se equivalem, diferem em valor, havendo sempre uma tendência dominante. E é somente a tendência dominante que define a verdadeira natureza do misto, apenas ela é conceito único e só ela é pura, pois ela é a pureza da coisa correspondente: a outra tendência é a impureza que vem comprometer a primeira, contrariá-la. Os comportamentos animais nos apresentam o instinto como tendência dominante, e os comportamentos humanos apresentam a inteligência. No misto da percepção e da afecção, a afecção desempenha o papel da impureza que se mistura à percepção pura.[24] Em outros termos, na divisão, há uma metade esquerda e uma metade direita. Sobre o que nos regulamos para determiná-las? Reencontramos sob essa forma uma dificuldade que Platão já encontrava. Como responder a Aristóteles, quando este notava que o método platônico da diferença era apenas um silogismo fraco, incapaz de concluir em qual metade do gênero dividido se alinhava a ideia buscada, uma vez que o termo médio faltava? E Platão parece ainda mais bem armado que Bergson, porque a ideia de um Bem transcendente pode efetivamente guiar a escolha da boa metade. Mas Bergson recusa em geral o recurso à finalidade, como se ele quisesse que o método da diferença se bastasse a si próprio.

A dificuldade talvez seja ilusória. Sabemos que as articulações do real não definem a essência e o alvo do método. A diferença de natureza entre as duas tendências é sem dúvida um progresso sobre a diferença de grau entre as coisas, sobre a diferença de intensidade entre

---

[23] *PM*, p. 199.
[24] *MM*, p. 59.

os seres. Mas ela não deixa de ser uma diferença exterior, uma diferença ainda externa. Nesse ponto não falta à intuição bergsoniana, para ser completa, um termo exterior que lhe possa servir de regra; ao contrário, ela apresenta ainda muita exterioridade. Tomemos um exemplo: Bergson mostra que o tempo abstrato é um misto de espaço e de duração *[88]* e que, mais profundamente, o próprio espaço é um misto de matéria e duração, de matéria e memória. Então, eis que o misto se divide em duas tendências: com efeito, a matéria é uma tendência, já que é definida como um afrouxamento; a duração é uma tendência, sendo uma contração. Mas, se consideramos todas as definições, as descrições e as características da duração na obra de Bergson, apercebemo-nos que a diferença de natureza, finalmente, não está *entre* essas duas tendências. Finalmente, a própria diferença de natureza é *uma* das duas tendências, e se opõe à outra. Com efeito, o que é a duração? Tudo o que Bergson diz acerca dela volta sempre a isto: a duração *é o que difere de si*. A matéria, ao contrário, é o que não difere de si, o que se repete. Em *Os dados imediatos*, Bergson não mostra somente que a intensidade é um misto que se divide em duas tendências, qualidade pura e quantidade extensiva, mas, sobretudo, que a intensidade não é uma propriedade da sensação, que a sensação é qualidade pura, e que a qualidade pura ou a sensação difere por natureza de si mesma. A sensação é o que muda de natureza e não de grandeza.[25] A vida psíquica, portanto, é a própria diferença de natureza: na vida psíquica há sempre *outro* sem jamais haver *número* ou *vários*.[26] Bergson distingue três tipos de movimentos, qualitativo, evolutivo e extensivo,[27] mas a essência de todos eles, mesmo da pura translação como o percurso de Aquiles, é a alteração. O movimento é mudança qualitativa, e a mudança qualitativa é movimento.[28] Em suma, a duração é o que difere, e o que difere não é mais o que difere de outra coisa, mas o que difere de si. O que difere tornou-se ele próprio uma coisa, uma *substância*. A tese de Bergson poderia expri-

[25] *DI*, p. 41, primeiro capítulo.
[26] *DI*, p. 90.
[27] *EC*, pp. 302-3.
[28] *MM*, p. 219.

mir-se assim: o tempo real é alteração, e a alteração é substância. A diferença *[89]* de natureza, portanto, não está mais entre duas coisas, entre duas tendências, sendo ela própria uma coisa, uma tendência que se opõe à outra. A decomposição do misto não nos dá simplesmente duas tendências que diferem por natureza, ela nos dá a diferença de natureza como uma das duas tendências. E, do mesmo modo que a diferença se tornou substância, o movimento não é mais a característica de alguma coisa, mas tomou ele próprio um caráter substancial, não pressupõe qualquer outra coisa, qualquer móvel.[29] A duração, a tendência é a diferença de si para consigo; e o que difere de si mesmo é *imediatamente* a unidade da substância e do sujeito.

Sabemos, ao mesmo tempo, dividir o misto e escolher a boa tendência, uma vez que há sempre à direita o que difere de si mesmo, ou seja, a duração, que nos é revelada em cada caso sob um aspecto, em uma de suas "nuanças". Notar-se-á, entretanto, que, segundo o misto, um mesmo termo está ora à direita, ora à esquerda. A divisão dos comportamentos animais põe a inteligência do lado esquerdo — uma vez que a duração, o impulso vital, se exprime através deles como instinto — ao passo que está à direita na análise dos comportamentos humanos. Mas a inteligência só pode mudar de lado ao revelar-se, por sua vez, como uma expressão da duração, agora na humanidade: se a inteligência tem a forma da matéria, ela tem o sentido da duração, porque é órgão de dominação da matéria, sentido unicamente manifestado no homem.[30] Não é de admirar que a duração tenha, assim, vários aspectos, que são as nuanças, pois ela é o que difere de si mesmo; e será preciso ir mais longe, até o fim, até ver enfim na matéria uma derradeira nuança da duração. Mas, para compreendermos esse último ponto, o mais importante, precisamos, inicialmente, lembrar o que a diferença deveio. Ela não está entre duas tendências, ela própria é uma das tendências e se põe sempre à direita. A diferença externa deveio diferença *[90]* interna. *A diferença de natureza, ela própria, deveio uma natureza.* Bem mais, ela o era desde o início. É nesse sentido que as articulações do real e as linhas de fatos remetiam umas

---

[29] *PM*, pp. 163, 167.
[30] *EC*, pp. 267, 270.

às outras: as articulações do real desenhavam também linhas de fatos que nos mostravam, ao menos, a diferença interna como o limite de sua convergência, e, inversamente, as linhas de fatos nos davam também as articulações do real; por exemplo, em *Matéria e memória*, a convergência de três linhas diversas nos leva à verdadeira distribuição do que cabe ao sujeito, do que cabe ao objeto.[31] A diferença de natureza era exterior somente em aparência. Nessa mesma aparência, ela já se distinguia da diferença de grau, da diferença de intensidade, da diferença específica. Mas, no estado da diferença interna, outras distinções devem ser feitas agora. Com efeito, se a duração pode ser apresentada como a própria substância, é por ser ela simples, indivisível. A alteração deve, então, manter-se e achar seu estatuto sem se deixar reduzir à pluralidade, nem mesmo à contradição, nem mesmo à alteridade. A diferença interna deverá se distinguir da *contradição*, da *alteridade* e da *negação*. É aí que o método e a teoria bergsoniana da diferença se oporão a esse outro método, a essa outra teoria da diferença que se chama dialética, tanto a dialética da alteridade, de Platão, quanto a dialética da contradição, de Hegel, ambas implicando a presença e o poder do negativo. A originalidade da concepção bergsoniana está em mostrar que a diferença interna não vai e não deve ir até a contradição, até a alteridade, até o negativo, porque essas três noções são de fato menos profundas que ela ou são visões que incidem sobre ela apenas de fora. Pensar a diferença interna como tal, como pura diferença interna, chegar até o puro conceito de diferença, elevar a diferença ao absoluto, tal é o sentido do esforço de Bergson.

*[91]* A duração é somente uma das duas tendências, uma das duas metades; mas, se é verdadeiro que em todo seu ser ela difere de si mesma, não conteria ela o segredo da outra metade? Como deixaria ainda no exterior de si *isto de que* ela difere, a outra tendência? Se a duração difere de si mesma, isto de que ela difere é ainda duração, de um certo modo. Não se trata de dividir a duração como se dividia o misto: ela é simples, indivisível, pura. Trata-se de uma outra coisa: o simples não se divide, *ele se diferencia*. Diferenciar-se é a própria essência do simples ou o movimento da diferença. Assim, o misto se

---

[31] *PM*, p. 81.

decompõe em duas tendências, uma das quais é o indivisível, mas o indivisível se diferencia em duas tendências, uma das quais, a outra, é o princípio do divisível. O espaço é decomposto em matéria e duração, mas a duração se diferencia em contração e distensão, sendo a distensão o princípio da matéria. A forma orgânica é decomposta em matéria e impulso vital, mas o impulso vital se diferencia em instinto e em inteligência, sendo a inteligência princípio da transformação da matéria em espaço. Não é da mesma maneira, evidentemente, que o misto é decomposto e que o simples se diferencia: o método da diferença é o conjunto desses dois movimentos. Mas, agora, é a respeito deste poder de diferenciação que é preciso interrogar. É ele que nos levará até o conceito puro da diferença interna. Determinar esse conceito, enfim, será mostrar *de que modo* o que difere da duração, a outra metade, pode ser ainda duração.

Em *Duração e simultaneidade*, Bergson atribui à duração um curioso poder de englobar a si própria e, ao mesmo tempo, de se repartir em fluxo e de se concentrar em uma só corrente, segundo a natureza da atenção.[32] Em *Os dados imediatos*, aparece a ideia fundamental de *virtualidade*, que será retomada e desenvolvida em *Matéria e memória*: a duração, o indivisível, não é exatamente o que não se deixa dividir, mas o que muda de natureza ao dividir-se, *[92]* e o que muda assim de natureza define o virtual ou o subjetivo. Mas é sobretudo em *A evolução criadora* que acharemos os ensinamentos necessários. A biologia nos mostra o processo da diferenciação operando-se. Buscamos o conceito da diferença enquanto esta não se deixa reduzir ao grau, nem à intensidade, nem à alteridade, nem à contradição: uma tal diferença *é* vital, mesmo que seu conceito não seja propriamente biológico. A vida é o processo da diferença. Aqui Bergson pensa menos na diferenciação embriológica do que na diferenciação das espécies, ou seja, na evolução. Com Darwin, o problema da diferença e o da vida foram identificados nessa ideia de evolução, ainda que Darwin, ele próprio, tenha chegado a uma falsa concepção da diferença vital. Contra um certo mecanicismo, Bergson mostra que a diferença vital é uma diferença *interna*. Mas ele também mostra que

---

[32] *DS*, p. 67.

a diferença interna não pode ser concebida como uma simples *determinação*: uma determinação pode ser acidental, ao menos ela só pode dever o seu ser a uma causa, a um fim ou a um acaso, implicando, portanto, uma exterioridade subsistente; além do mais, a relação de várias determinações é tão somente de associação ou de adição.[33] A diferença vital não só deixa de ser uma determinação, como é ela o contrário disso; é, se se quiser, a própria indeterminação. Bergson insiste sempre no caráter imprevisível das formas vivas: "indeterminadas, quero dizer, imprevisíveis";[34] e, para ele, o imprevisível, o indeterminado não é o acidental, mas, ao contrário, o essencial, a negação do acidente. Fazendo da diferença uma simples determinação, ou bem a entregamos ao acaso, ou bem a tornamos necessária em função de alguma coisa, mas tornando-a acidental ainda em relação à vida. Mas, em relação à vida, a tendência para mudar não é acidental; mais ainda, as próprias mudanças não são *[93]* acidentais,[35] sendo o impulso vital "a causa profunda das variações".[36] Isso quer dizer que a diferença não é uma determinação, mas é, nessa relação essencial com a vida, uma diferenciação. Sem dúvida, a diferenciação vem da resistência encontrada pela vida do lado da matéria, mas, inicialmente, ela vem, sobretudo, da força explosiva interna que a vida traz em si. "A essência de uma tendência vital é desenvolver-se em forma de feixe, criando, tão só pelo fato do seu crescimento, direções divergentes entre as quais se distribuirá o impulso":[37] a virtualidade existe de tal modo que se realiza dissociando-se, sendo forçada a dissociar-se para se realizar. Diferenciar-se é o movimento de uma virtualidade que se atualiza. A vida difere de si mesma, de tal modo que nos acharemos diante de linhas de evolução divergentes e, em cada linha, diante de procedimentos originais; mas é ainda e somente de si mesma que ela difere, de tal modo que, também em cada linha acharemos certos aparelhos, certas estruturas de órgãos idênticos obtidos

---

[33] *EC*, cap. I.
[34] *EC*, p. 127.
[35] *EC*, p. 86.
[36] *EC*, p. 88.
[37] *MR*, p. 313.

por meios diferentes.[38] Divergência das séries, identidade de certos aparelhos, tal é o duplo movimento da vida como um todo. A noção de diferenciação traz ao mesmo tempo a *simplicidade* de um virtual, a *divergência* das séries nas quais ele se realiza e a *semelhança* de certos resultados fundamentais que ele produz nessas séries. Bergson explica a que ponto a semelhança é uma categoria biológica importante:[39] ela é a identidade do que difere de si mesmo, ela prova que uma mesma virtualidade se realiza na divergência das séries, ela mostra a *essência* subsistindo na mudança, assim como a divergência mostrava a própria mudança agindo na essência. "Que chance haveria para que duas evoluções totalmente diferentes culminassem [94] em resultados similares através de duas séries inteiramente diferentes de acidentes que se adicionam?"[40]

Em *As duas fontes*, Bergson retorna a esse processo de diferenciação: a dicotomia é a lei da vida.[41] Mas aparece algo de novo: ao lado da diferenciação biológica aparece uma diferenciação propriamente histórica. Sem dúvida, a diferenciação biológica encontra seu princípio na própria vida, mas ela não está menos ligada à matéria, de tal modo que seus produtos permanecem separados, exteriores um ao outro. "A materialidade que elas", as espécies, "deram a si as impede de voltar a unir-se para restabelecer de maneira mais forte, mais complexa, mais evoluída, a tendência original."* No plano da história, ao contrário, é no mesmo indivíduo e na mesma sociedade que evoluem as tendências que se constituíram por dissociação. Desde então elas evoluem sucessivamente, mas no mesmo ser: o homem irá o mais longe possível em uma direção, depois retornará rumo a outra.[42] Esse texto é ainda mais importante por ser um dos raros em que Bergson reconhece uma especificidade do histórico em relação ao vital. Qual é o seu sentido? Significa que com o homem, e somente com

---

[38] *EC*, pp. 53 ss.
[39] *PM*, p. 58.
[40] *EC*, p. 54.
[41] *MR*, p. 316.
* [*MR*, p. 314]
[42] *MR*, pp. 313-5.

o homem, a diferença torna-se consciente, eleva-se à consciência de si. Se a própria diferença é biológica, a consciência da diferença é histórica. É verdade que não se deveria exagerar a função dessa consciência histórica da diferença. Segundo Bergson, mais ainda do que trazer o novo, ela libera do antigo. A consciência já estava aí, com e na própria diferença. A duração por si mesma é consciência, a vida por si mesma é consciência, mas ela o é *de direito*.[43] Se a história é o que reanima a consciência, ou, antes, o lugar no qual ela se reanima e se coloca de fato, é somente porque essa consciência idêntica à vida estava *[95]* adormecida, entorpecida na matéria, consciência anulada, não consciência nula.[44] De maneira alguma a consciência é histórica em Bergson, e a história é somente o único ponto em que a consciência sobressai, tendo atravessado a matéria. Desse modo, há uma identidade de direito entre a própria diferença e a consciência da diferença: a história sempre é tão somente de fato. Tal identidade de direito da diferença e da consciência da diferença é a *memória*: ela deve nos propiciar, enfim, a natureza do puro conceito.

Porém, antes de chegar aí, é preciso ainda ver como o processo da diferenciação basta para distinguir o método bergsoniano e a dialética. A grande semelhança entre Platão e Bergson é que ambos fizeram uma filosofia da diferença em que esta é pensada como tal e não se reduz à contradição, *não vai* até a contradição.[45] Mas o ponto de separação, não o único, mas o mais importante, parece estar na presença necessária de um princípio de finalidade em Platão: apenas o Bem dá conta da diferença da coisa e nos faz compreendê-la em si mesma, como no exemplo famoso de Sócrates sentado em sua prisão. Ademais, em sua dicotomia, Platão tem necessidade do Bem como da regra da escolha. Não há intuição em Platão, mas uma inspiração pelo Bem. Nesse sentido, pelo menos um texto de Bergson seria muito pla-

---

[43] *ES*, p. 13.

[44] *ES*, p. 11.

[45] Entretanto, sobre esse ponto, não pensamos que Bergson tenha sofrido a influência do platonismo. Mais perto dele havia Gabriel Tarde, que caracterizava sua própria filosofia como uma filosofia da diferença e a distinguia das filosofias da oposição. Mas a concepção que Bergson tem da essência e do processo da diferença é totalmente distinta da de Tarde.

A concepção da diferença em Bergson

tônico: em *As duas fontes*, ele mostra que, para encontrar as verdadeiras articulações do real, é preciso interrogar a respeito das funções. Para que serve cada faculdade, qual é, por exemplo, a função da fabulação?[46] A diferença da coisa lhe vem aqui do seu uso, do seu fim, da sua destinação, do Bem. Mas sabemos que o recorte ou as articulações do real são tão somente uma primeira expressão *[96]* do método. O que preside o recorte das coisas é efetivamente sua função, seu fim, de tal modo que, nesse nível, elas parecem receber de fora sua própria diferença. Mas é justamente por essa razão que Bergson, ao mesmo tempo, critica a finalidade e não se atém às articulações do real: a própria coisa e o fim correspondente são de fato uma única e mesma coisa, que, de um lado, é encarada como o misto que ela forma no espaço e, por outro, como a diferença e a simplicidade de sua duração pura.[47] Já não se trata de falar de fim: quando a diferença tornou-se a própria coisa, não há mais lugar para dizer que a coisa recebe sua diferença de um fim. Assim, a concepção que Bergson tem da diferença de natureza permite-lhe evitar, ao contrário de Platão, um verdadeiro recurso à finalidade. Do mesmo modo, a partir de alguns textos de Bergson, pode-se prever as objeções que ele faria a uma dialética de tipo hegeliano, da qual, aliás, ele está muito mais longe do que daquela de Platão. Em Bergson, e graças à noção de virtual, a coisa, *inicialmente*, difere *imediatamente* de si mesma. Segundo Hegel, a coisa difere de si mesma porque ela, primeiramente, difere de tudo o que ela não é, de tal maneira que a diferença vai até à contradição. Pouco nos importa aqui a distinção do contrário e da contradição, sendo esta tão só a apresentação de um todo como contrário. De qualquer maneira, nos dois casos, substituiu-se a diferença pelo jogo da determinação. "Não há realidade concreta em relação à qual não se possa ter ao mesmo tempo as duas visões opostas, e que, por conseguinte, não se subsuma aos dois conceitos antagonistas."[48] Com essas duas visões pretende-se em seguida recompor a coisa, dizendo-se, por exemplo, que a duração é síntese da unidade e da multiplici-

---

[46] *MR*, p. 111.
[47] *EC*, pp. 88 ss.
[48] *PM*, p. 198.

dade. Ora, se a objeção que Bergson podia fazer ao platonismo era a de ater-se este a uma concepção da *diferença ainda externa*, a objeção que ele fez a uma dialética da contradição é a de ater-se esta a uma concepção da *diferença [97] somente abstrata*. "Essa combinação (de dois conceitos contraditórios) não poderá apresentar nem uma diversidade de graus nem uma variedade de formas: ela é ou não é."[49] O que não comporta nem graus nem nuanças é uma abstração. Assim, a dialética da contradição falseia a própria diferença, que é a razão da nuança. E a contradição, finalmente, é tão só uma das numerosas ilusões retrospectivas que Bergson denuncia. Aquilo que se diferencia em duas tendências divergentes é uma virtualidade e, como tal, é algo de absolutamente simples que se realiza. Nós o tratamos como um real, compondo-o com os elementos característicos de duas tendências, que, todavia, só foram criadas pelo seu próprio desenvolvimento. Acreditamos que a duração difere de si mesma por ser ela, inicialmente, o produto de duas determinações contrárias; esquecemos que ela se diferenciou por ser de início, justamente, o que difere de si mesma. Tudo retorna à crítica que Bergson faz do negativo: chegar à concepção de uma diferença sem negação, que não contenha o negativo, é este o maior esforço de Bergson. Tanto em sua crítica da desordem, quanto do nada ou da contradição, ele tenta mostrar que a negação de um termo real por outro é somente a realização positiva de uma virtualidade que continha ao mesmo tempo os dois termos. "A luta é aqui tão só o aspecto superficial de um progresso."[50] Então, é por ignorância do virtual que se crê na contradição, na negação. A oposição dos dois termos é somente a realização da virtualidade que continha todos dois: isso quer dizer que a diferença é mais profunda que a negação, que a contradição.

Seja qual for a importância da diferenciação, ela não é o mais profundo. Se o fosse, não haveria qualquer razão para falar de um conceito da diferença: a diferenciação é uma ação, uma realização. O que se diferencia é, *primeiramente*, o que difere de si mesmo, isto é, o virtual. A diferenciação não é o *[98]* conceito, mas a produção de

---

[49] *PM*, p. 207.
[50] *MR*, p. 317.

objetos que acham sua razão no conceito. Ocorre que, se é verdadeiro que o que difere de si deve ser um tal conceito, é necessário que o virtual tenha uma consistência, consistência objetiva que o torne capaz de se diferenciar, que o torne apto a produzir tais objetos. Em páginas essenciais consagradas a Ravaisson, Bergson explica que há duas maneiras de determinar o que as cores têm em comum.[51] *Ou bem* extraímos a ideia abstrata e geral de cor, "apagando do vermelho o que faz dele vermelho, do azul o que faz dele azul, do verde o que faz dele verde", o que, então, nos coloca diante de um conceito que é um gênero, diante de objetos que são vários para um mesmo conceito, de modo que o conceito e o objeto fazem dois, sendo de subsunção a relação entre ambos, enquanto permanecemos, assim, nas distinções espaciais, em um estado da diferença exterior à coisa. *Ou bem* fazemos que as coisas sejam atravessadas por uma lente convergente que as conduza a um mesmo ponto, e, neste caso, o que obtemos é "a pura luz branca", aquela que "fazia ressaltar as diferenças entre as tintas", de modo que, então, as diferentes cores já não são objetos *sob* um conceito, mas as nuanças ou os graus do próprio conceito, graus da própria diferença, e não diferenças de graus, sendo agora a relação não mais de subsunção, mas de participação. A luz branca é ainda um universal, mas um universal concreto, que nos faz compreender o particular, porque está ele próprio no extremo do particular. Assim como as coisas se tornaram nuanças ou graus do conceito, o próprio conceito tornou-se a coisa. É uma coisa universal, se se quer, uma vez que os objetos se desenham aí como graus, mas um concreto, não um gênero ou uma generalidade. Propriamente falando, não há vários objetos para um mesmo conceito, mas o conceito é idêntico à própria coisa; ele é a diferença entre si dos objetos que lhe são relacionados, não sua semelhança. O conceito devindo conceito da diferença: *[99]* é esta a diferença interna. O que era preciso fazer para atingir esse objetivo filosófico superior? Era preciso renunciar a pensar no espaço: a distinção espacial, com efeito, "não comporta graus".[52] Era preciso substituir as diferenças espaciais pelas di-

---

[51] *PM*, pp. 259-60.
[52] *MM*, p. 247 [249, e não 247].

ferenças temporais. O próprio da diferença temporal é fazer do conceito uma coisa concreta, porque as coisas aí são nuanças ou graus que se apresentam no seio do conceito. É nesse sentido que o bergsonismo pôs no tempo a diferença e, com ela, o conceito. "Se o mais humilde papel do espírito é ligar os momentos sucessivos da duração das coisas, se é nessa operação que ele toma contato com a matéria, e se é também graças a esta operação que ele, inicialmente, se distingue da matéria, concebe-se uma infinidade de graus entre a matéria e o espírito plenamente desenvolvido."[53] As distinções do sujeito e do objeto, do corpo e do espírito são temporais e, nesse sentido, dizem respeito a graus,[54] mas não são simples diferenças de grau. Vemos, portanto, como o virtual torna-se o conceito puro da diferença, e o que um tal conceito pode ser: um tal conceito é *a coexistência possível dos graus ou das nuanças*. Se, malgrado o paradoxo aparente, chamamos *memória* essa *coexistência* possível, como o faz Bergson, devemos dizer que o impulso vital é menos profundo que a memória, e esta menos profunda que a duração. *Duração, memória, impulso vital formam três aspectos do conceito, aspectos que se distinguem com precisão.* A duração é a diferença consigo mesma; a memória é a coexistência dos graus da diferença; o impulso vital é a diferenciação da diferença. Esses três níveis definem um esquematismo na filosofia de Bergson. O sentido da memória é dar à virtualidade da própria duração uma consistência objetiva que faça desta um universal concreto, que a torne apta a se realizar. Quando a virtualidade se realiza, isto é, quando ela se diferencia, é pela vida *[100]* e é sob uma forma vital; nesse sentido, é verdadeiro que a diferença *é* vital. Mas a virtualidade só pôde diferenciar-se a partir dos graus que coexistiam nela. A diferenciação é somente a separação do que coexistia na duração. As diferenciações do impulso vital são mais profundamente os graus da própria diferença. E os produtos da diferenciação são objetos absolutamente conformes ao conceito, pelo menos em sua pureza, porque, na verdade, são tão somente a posição complementar dos diferentes graus do próprio conceito. É sempre nesse sentido que

---

[53] *MM*, p. 249.
[54] *MM*, p. 74.

a teoria da diferenciação é menos profunda que a teoria das nuanças ou dos graus.

O virtual define agora um modo de existência absolutamente positivo. A duração é o virtual; e este ou aquele grau da duração é real à medida que esse grau se diferencia. Por exemplo, a duração não é em si psicológica, mas o psicológico representa um certo grau da duração, grau que se realiza entre outros e no meio de outros.[55] Sem dúvida, o virtual é em si o modo daquilo que não age, uma vez que ele só agirá diferenciando-se, deixando de ser em si, mas guardando algo de sua origem. Mas, por isso mesmo, ele é o modo *daquilo que é*. Essa tese de Bergson é particularmente célebre: o virtual é a lembrança pura, e a lembrança pura é a diferença. A lembrança pura é virtual, porque seria absurdo buscar a marca do passado em algo de atual e já realizado;[56] a lembrança não é a representação de alguma coisa, ela nada representa, ela *é*, ou, se continuamos a falar ainda de representação, "ela não nos representa algo que tenha sido, mas simplesmente algo que é [...] é uma lembrança do presente".[57] Com efeito, ela não tem que se fazer, formar-se, não tem que esperar que a percepção desapareça, ela não é posterior à percepção. *A coexistência do passado com o presente que ele [101] foi é um tema essencial do bergsonismo.* Mas, a partir dessas características, quando dizemos que a lembrança assim definida é a própria diferença, estamos dizendo duas coisas ao mesmo tempo. De um lado, a lembrança pura é a diferença, porque nenhuma lembrança se assemelha a uma outra, porque cada lembrança é imediatamente perfeita, porque ela é uma vez o que será sempre: a diferença é o objeto da lembrança, como a semelhança é o objeto da percepção.[58] Basta sonhar para se aproximar desse mundo onde nada se assemelha a nada; um puro sonhador jamais sairia do particular, ele só apreenderia diferenças. Mas a lembrança é a diferença em um outro sentido ainda, ela *é portadora* da diferença; pois, se é verdadeiro que as exigências do presente introduzem alguma seme-

---

[55] *PM*, p. 210.
[56] *MM*, p. 150.
[57] *ES*, p. 140.
[58] *MM*, pp. 172-3.

lhança entre nossas lembranças, inversamente a lembrança introduz a diferença no presente, no sentido de que ela constitui cada momento seguinte como algo novo. Do fato mesmo de que o passado se conserva, "o momento seguinte contém sempre, além do precedente, a lembrança que este lhe deixou";[59] "a duração interior é a vida contínua de uma memória que prolonga o passado no presente, *seja* porque o presente encerra diretamente\* a imagem sempre crescente do passado, seja, sobretudo, porque ele, pela sua contínua mudança de qualidade, dá testemunho da carga cada vez mais pesada que alguém carrega em suas costas à medida que vai cada vez mais envelhecendo".[60] De uma maneira distinta da de Freud, mas tão profundamente quanto, Bergson viu que a memória era uma função do futuro, que a memória e a vontade eram tão só uma mesma função, que somente um ser capaz de memória podia desviar-se do seu passado, desligar-se dele, não repeti-lo, fazer o novo. Assim, a palavra "diferença" designa, ao mesmo tempo, o *particular que é* e o *novo que se faz*. A lembrança é definida em relação à percepção da qual é contemporânea e, ao mesmo tempo, em relação ao momento *[102]* seguinte no qual ela se prolonga. Reunindo-se os dois sentidos, tem-se uma impressão incomum: a de ser agido e a de agir ao mesmo tempo.[61] Mas como deixar de reunir esses dois sentidos, uma vez que minha percepção é já o momento seguinte?

Comecemos pelo segundo sentido. Sabe-se qual é a importância que a ideia de *novidade* terá para Bergson em sua teoria do futuro e da liberdade. Mas devemos estudar essa noção no nível mais preciso, quando ela se forma, parece-nos que no segundo capítulo do *Ensaio sobre os dados imediatos*. Dizer que o passado se conserva em si e que se prolonga no presente é dizer que o momento seguinte aparece sem que o precedente tenha desaparecido. Isso supõe uma *contração*, e é

---

[59] *PM*, pp. 183-4.

\* [Na passagem citada, Bergson escreve "distintamente", não "diretamente", como está aqui transcrito por Deleuze que, por sua vez, transcreve corretamente a mesma passagem em *Le Bergsonisme*, Paris, PUF, 1966, p. 45.]

[60] *PM*, pp. 200-1.

[61] *ES*, p. 140.

a contração que define a duração.[62] O que se opõe à contração é a repetição pura ou a matéria: a repetição é o modo de um presente que só aparece quando o outro desapareceu, o próprio instante ou a exterioridade, a vibração, a distensão. A contração, ao contrário, designa a diferença, porque, em sua essência, ela torna impossível uma repetição, porque ela destrói a própria condição de toda repetição possível. Nesse sentido, a diferença é o novo, a própria novidade. Mas como definir a aparição de algo de novo *em geral*? No segundo capítulo do *Ensaio*, encontra-se a retomada desse problema, ao qual Hume tinha vinculado seu nome. Hume propunha o problema da causalidade, perguntando como uma pura repetição, repetição de casos semelhantes que nada produz de novo no objeto, pode, entretanto, produzir algo de novo no espírito que a contempla. Esse "algo de novo", a espera da milionésima vez, eis a *diferença*. A resposta era que, se a repetição produzia uma diferença no espírito que a observava, isso ocorria em virtude de princípios da natureza humana e, notadamente, do princípio do hábito. Quando Bergson analisa o exemplo das batidas do relógio ou do martelo, ele propõe o problema do mesmo modo e o [103] resolve de maneira análoga: o que se produz de novo nada é nos objetos, mas no espírito que os contempla, é uma "fusão", uma "interpenetração", uma "organização", uma conservação do precedente que não desaparece quando o outro aparece, enfim, uma contração que se faz no espírito. A semelhança vai ainda mais longe entre Hume e Bergson: assim como, em Hume, os casos semelhantes se fundiam na imaginação, mas permaneciam ao mesmo tempo distintos no entendimento, em Bergson os estados se fundem na duração, mas guardam ao mesmo tempo algo da exterioridade da qual eles advêm; é graças a esse último ponto que Bergson dá conta da construção do espaço. Portanto, a contração começa por se fazer de algum modo *no* espírito; ela é como que a origem do espírito; ela faz nascer a diferença. Em seguida, mas somente em seguida, o espírito a retoma por sua conta, ele contrai e se contrai, como se vê na doutrina bergsoniana da liberdade.[63] Mas já nos basta ter apreendido a noção em sua origem.

---

[62] *EC*, p. 201.

[63] *DI*, terceiro capítulo.

Não somente a duração e a matéria diferem por natureza, mas o que assim difere é a própria diferença e a repetição. Reencontramos, então, uma antiga dificuldade: havia diferença de natureza entre duas tendências e, ao mesmo tempo e mais profundamente, ela era uma das duas tendências. E não havia apenas esses dois estados da diferença, mas dois outros ainda: a tendência privilegiada, a tendência direita diferenciando-se em dois estados, e podendo diferenciar-se porque, mais profundamente, havia graus na diferença. São esses quatro estados que é preciso agora reagrupar: *a diferença de natureza, a diferença interna, a diferenciação e os graus da diferença*. Nosso fio condutor é este: a diferença (interna) difere (por natureza) da repetição. Mas vemos muito bem que uma tal frase não se equilibra: simultaneamente, a diferença aí é dita interna e difere no exterior. Entretanto, se antevemos o esboço de uma solução, *[104]* é porque Bergson se dedica a nos mostrar que a diferença é ainda uma repetição e que a repetição é já uma diferença. Com efeito, a repetição, a matéria é bem uma diferença; as oscilações são bem distintas, uma vez que "uma se esvaece quando a outra aparece". Bergson admite que a ciência procure atingir a própria diferença e que possa mesmo conseguir; ele vê na análise infinitesimal um esforço desse gênero, uma verdadeira ciência da diferença.[64] Mais ainda: quando Bergson nos mostra o sonhador vivendo no particular até apreender somente as diferenças puras, ele nos diz que essa região do espírito reencontra a matéria,[65] e que sonhar é desinteressar-se, é ser indiferente. Portanto, seria incorreto confundir a repetição com a generalidade, pois esta, ao contrário, supõe a contração do espírito. A repetição nada cria no objeto, deixa-o subsistir, e mesmo o mantém em sua particularidade. Sem dúvida, a repetição forma gêneros objetivos; porém, em si mesmos, tais gêneros não são ideias gerais, pois não englobam uma pluralidade de objetos que se assemelham, mas nos apresentam somente a particularidade de um objeto que se repete idêntico a si mesmo.[66] A repetição, portanto, é uma espécie de diferença, mas uma diferença sempre no exterior

[64] *PM*, p. 214.
[65] *EC*, pp. 203 ss.
[66] *PM*, p. 59.

de si, uma diferença indiferente a si. Inversamente, *a diferença, por sua vez, é uma repetição*. Com efeito, vimos que, em sua própria origem e no ato dessa origem, a diferença era uma contração. Mas qual é o efeito de tal contração? Ela eleva à coexistência o que se repetia em outra parte. Em sua origem, o espírito é tão somente a contração dos elementos idênticos, e por isso ele é memória. Quando Bergson nos fala da memória, ele a apresenta sempre sob dois aspectos, dos quais o segundo é mais profundo que o primeiro: a memória-lembrança e a memória-contração.[67] *[105]* Contraindo-se, o elemento da repetição coexiste consigo, multiplica-se se se quer, retém-se a si mesmo. Assim, definem-se graus de contração, cada um dos quais, no seu nível, apresenta-nos a coexistência consigo mesmo do próprio elemento, ou seja o todo. Portanto, é sem paradoxo que a memória é definida como a coexistência em pessoa, pois, por sua vez, todos os graus possíveis de coexistência coexistem consigo mesmos e formam a memória. Os elementos idênticos da repetição material fundem-se em uma contração; tal contração apresenta-nos, ao mesmo tempo, algo de novo, a diferença, e graus que são os graus dessa própria diferença. É nesse sentido que a diferença é ainda uma repetição, tema este ao qual Bergson retorna constantemente: "A mesma vida psicológica, portanto, seria repetida um número indefinido de vezes, em níveis sucessivos da memória, e o mesmo ato do espírito poderia efetuar-se em alturas diferentes";[68] as seções do cone são "outras tantas repetições de nossa vida passada inteira";[69] "tudo se passa, pois, como se nossas lembranças fossem repetidas um número indefinido de vezes nessas mil reduções possíveis de nossa vida passada".[70] Vê-se a distinção que resta a fazer entre a repetição material e essa repetição psíquica: é no mesmo momento em que toda nossa vida passada é infinitamente repetida; vale dizer, a repetição é virtual. Além disso, a virtualidade não tem outra consistência além daquela que recebe de tal repetição original. "Esses planos não são dados [...] como coisas prontas, superpostas

---

[67] *MM*, pp. 83 ss.
[68] *MM*, p. 115.
[69] *MM*, p. 188.
[70] *MM*, p. 188.

umas às outras. Eles existem, sobretudo, virtualmente, gozam dessa existência que é própria das coisas do espírito."[71] Nesse ponto, seria quase possível dizer que, em Bergson, é a matéria que é sucessão, e a duração, coexistência: "Uma atenção à vida que fosse suficientemente potente, e suficientemente destacada de todo interesse *[106]* prático, abarcaria assim em um presente indiviso toda a história passada da pessoa consciente".[72] Mas a duração é uma coexistência virtual; o espaço é uma coexistência de um gênero inteiramente distinto, uma coexistência real, uma simultaneidade. Eis por que a coexistência virtual, que define a duração, é ao mesmo tempo uma sucessão real, ao passo que a matéria, finalmente, nos dá menos uma sucessão do que a simples matéria de uma simultaneidade, de uma coexistência real, de uma justaposição. Em resumo, os graus psíquicos são outros tantos planos virtuais de contração, de níveis de tensão. A filosofia de Bergson remata-se em uma cosmologia, na qual tudo é mudança de tensão e de energia e nada mais.[73] A duração, tal como se dá à intuição, apresenta-se como capaz de mil tensões possíveis, de uma diversidade infinita de distensões e contrações. A combinação de conceitos antagonistas é censurada por Bergson pelo fato de só poder nos apresentar uma coisa em um bloco, sem graus nem nuanças, ao passo que a intuição, contrariamente, nos dá "uma escolha entre uma infinidade de durações possíveis",[74] "uma continuidade de durações que devemos tentar seguir seja para baixo, seja para cima".[75]

Como se reúnem os dois sentidos da diferença: a diferença como particularidade que é, e a diferença como personalidade, indeterminação, novidade que se faz? Os dois sentidos só podem se unir por e nos graus coexistentes da contração. A particularidade apresenta-se efetivamente como a maior distensão, um desdobramento, uma expansão; nas seções do cone, é a base a portadora das lembranças sob sua forma individual. "Elas tomam uma forma mais banal quando a

---

[71] *MM*, p. 272.
[72] *PM*, pp. 169-70.
[73] *MM*, p. 226.
[74] *PM*, p. 208.
[75] *PM*, p. 210.

memória se fecha mais, mais pessoal quando ela se dilata."[76] Quanto mais a contração se distende, mais as lembranças são individuais, *[107]* distintas uma das outras, e se localizam.[77] O particular encontra-se no limite da distensão ou da expansão, e seu movimento será prolongado pela própria matéria que ele prepara. A matéria e a duração são dois níveis extremos de distensão e da contração, como o são, na própria duração, o passado puro e o puro presente, a lembrança e a percepção. Vê-se, portanto, que o presente, em sua oposição à particularidade, se definirá como a semelhança ou mesmo como a universalidade. Um ser que vivesse no presente puro evoluiria no universal; "o hábito é para a ação o que a generalidade é para o pensamento".[78] Mas os dois termos que assim se opõem são somente os dois graus extremos que coexistem. A oposição é sempre apenas a coexistência virtual de dois graus extremos: a lembrança coexiste com aquilo de que ela é a lembrança, coexiste com a percepção correspondente; o presente é tão somente o grau mais contraído da memória, é um *passado imediato*.[79] Entre os dois, portanto, encontraremos todos os graus intermediários, que são os da generalidade ou, antes, os que formam eles próprios a ideia geral. Vê-se a que ponto a matéria não era a generalidade: a verdadeira generalidade supõe uma percepção das semelhanças, uma contração. A ideia geral é um todo dinâmico, uma oscilação; "a essência da ideia geral é mover-se sem cessar entre a esfera da ação e a da memória pura", " ela consiste na dupla corrente que vai de uma à outra".[80] Ora, sabemos que os graus intermediários entre dois extremos estão aptos a restituir esses extremos como os próprios produtos de uma diferenciação. Sabemos que a teoria dos graus funda uma teoria da diferenciação: basta que dois graus possam ser opostos um ao outro na memória para que, ao mesmo tempo, sejam a diferenciação do intermediário em duas tendências ou movimentos que se *[108]* distinguem por natureza. Por serem o presente e o

---

[76] *MM*, p. 188.
[77] *MM*, p. 190.
[78] *MM*, p. 173.
[79] *MM*, p. 168.
[80] *MM*, p. 180.

passado dois graus inversos, eles se distinguem por natureza, são a diferenciação, o desdobramento do todo. A cada instante, a duração se desdobra em dois jatos simétricos, "um dos quais recai em direção ao passado, enquanto o outro se lança para o futuro".[81] Dizer que o presente é o grau mais contraído do passado é dizer também que ele se opõe por natureza ao passado, que é um *porvir iminente*. Entramos no segundo sentido da diferença: algo de novo. Mas o que é esse novo, exatamente? A ideia geral é esse todo que se diferencia em imagens particulares e em atitude corporal, mas tal diferenciação é ainda o todo dos graus que vão de um extremo a outro, e que põe um no outro.[82] A ideia geral é o que põe a lembrança na ação, o que organiza as lembranças com os atos, o que transforma a lembrança em percepção; mais exatamente, ela é o que torna as imagens oriundas do próprio passado cada vez mais "capazes de se inserir no esquema motor".[83] O particular posto no universal, eis a função da ideia geral. A novidade, o algo de novo, é justamente que o particular esteja no universal. O novo não é evidentemente o presente puro: este, tanto quanto a lembrança particular, tende para o estado da matéria, não em virtude do seu desdobramento, mas de sua instantaneidade. Mas, quando o particular desce no universal ou a lembrança no movimento, o ato automático dá lugar à ação voluntária e livre. A novidade é o próprio de um ser que, ao mesmo tempo, vai e vem do universal ao particular, opõe um ao outro e coloca este naquele. Um tal ser pensa, quer e lembra-se ao mesmo tempo. Em resumo, o que une e reúne os dois sentidos da diferença são todos os graus da generalidade.

Para muitos leitores, Bergson dá uma certa impressão de vagueza e de incoerência. De vagueza, porque *[109]* o que ele nos ensina, finalmente, é que a diferença é o imprevisível, a própria indeterminação. De incoerência, porque ele, por sua vez, parece retomar uma após outra cada uma das noções que criticou. Sua crítica incidiu sobre os graus, mas ei-los retornando ao primeiro plano da própria duração, a tal ponto que o bergsonismo é uma filosofia dos graus: "Por graus

---

[81] *ES*, p. 132.
[82] *MM*, p. 180.
[83] *MM*, p. 135.

insensíveis, passamos das lembranças dispostas ao longo do tempo aos movimentos que desenham sua ação nascente ou possível no espaço";[84] "assim, a lembrança transforma-se gradualmente em percepção".[85] Do mesmo modo, há graus da liberdade.[86] A crítica bergsoniana incidiu especialmente sobre a intensidade, mas eis que a distensão e a contração são invocadas como princípios de explicação fundamentais; "entre a matéria bruta e o espírito mais capaz de reflexão, há todas as intensidades possíveis da memória ou, o que dá no mesmo, todos os graus da liberdade".[87] Finalmente, sua crítica incidiu sobre o negativo e a oposição, mas ei-los reintroduzidos com a inversão: a ordem geométrica diz respeito ao negativo, nasceu da "inversão da positividade verdadeira", de uma "interrupção";[88] se comparamos a ciência e a filosofia, vemos que a ciência não é relativa, mas "diz respeito a uma realidade de ordem inversa".[89]

Todavia, não acreditamos que essa impressão de incoerência seja justificada. Inicialmente, é verdadeiro que Bergson retorna aos graus, mas não às diferenças de grau. Toda sua ideia é a seguinte: que não há diferenças de grau no ser, *mas graus da própria diferença*. As teorias que procedem por diferenças de grau confundiram precisamente tudo, porque não viram as diferenças de natureza, perderam-se no espaço e nos mistos que este nos apresenta. Acontece *[110]* que o que difere por natureza é, finalmente, aquilo que, por natureza, difere *de si próprio*, de modo que aquilo de que ele difere é somente seu mais baixo *grau*; tal é a *duração*, definida como a diferença de natureza em pessoa. Quando a diferença de natureza entre duas coisas torna-se uma das duas coisas, a outra é somente o *último* grau desta. É assim que, em pessoa, a diferença de natureza é exatamente a coexistência virtual de dois graus *extremos*. Como eles são extremos, a dupla corrente que vai de um a outro forma graus intermediários. Estes consti-

---

[84] *MM*, p. 83.
[85] *MM*, p. 139 [144, e não 139].
[86] *DI*, p. 180.
[87] *MM*, p. 250.
[88] *EC*, p. 220.
[89] *EC*, p. 231.

tuirão o princípio dos mistos, e nos farão crer em diferenças de grau, mas somente se os consideramos em si mesmos, esquecendo que as extremidades que reúnem são duas coisas que diferem por natureza, sendo na verdade os graus da própria diferença. Portanto, o que difere é a distensão e a contração, a matéria e a duração como graus, como intensidades da diferença. E se Bergson não cai assim em uma simples visão das diferenças de grau em geral, ele tampouco retorna, em particular, à visão das diferenças de intensidade. A distensão e a contração são graus da própria diferença tão somente porque se opõem e enquanto se opõem. Extremos, eles são *inversos*. O que Bergson censura na metafísica é não ter ela visto que a distensão e a contração são o inverso, e ter, assim, acreditado que se tratava apenas de dois graus mais ou menos intensos na degradação de um mesmo Ser imóvel, estável, eterno.[90] De fato, assim como os graus se explicam pela diferença e não o contrário, as intensidades se explicam pela inversão e a supõem. Não há no princípio um Ser imóvel e estável; *aquilo de que é preciso partir* é a própria contração, é a duração, da qual a distensão é a inversão. Encontrar-se-á sempre em Bergson esse cuidado de achar o verdadeiro começo, o verdadeiro ponto do qual é preciso partir: assim, quanto à percepção e à afecção, "em lugar *[111]* de partir da afecção, da qual nada se pode dizer, pois não há qualquer razão para que ela seja o que é e não seja qualquer outra coisa, partimos da ação".[91] Por que é a distensão o inverso da contração, e não a contração o inverso da distensão? Porque fazer filosofia *é justamente começar pela diferença*, e porque a diferença de natureza é a duração, da qual a matéria é somente o mais baixo grau. A diferença é o verdadeiro começo; é por aí que Bergson se separaria mais de Schelling, pelo menos em aparência; começando por outra coisa, por um Ser imóvel e estável, coloca-se no princípio um indiferente, toma-se um menos por um mais, cai-se numa simples visão das intensidades. Mas, quando funda a intensidade na inversão, Bergson parece escapar dessa visão, mas para tão somente retornar ao negativo, à oposição. Mesmo nesse caso, tal censura não seria exata. Em última instância, a

---

[90] *EC*, pp. 319-26.
[91] *MM*, p. 65.

oposição dos dois termos que diferem por natureza é tão só a realização positiva de uma virtualidade que continha a ambos. O papel dos graus intermediários está justamente nessa realização: eles põem um no outro, a lembrança no movimento. Não pensamos, portanto, que haja incoerência na filosofia de Bergson, mas, ao contrário, um grande aprofundamento do conceito de diferença. Finalmente, não pensamos tampouco que a indeterminação seja um conceito vago. Indeterminação, imprevisibilidade, contingência, liberdade significam sempre uma independência em relação às causas: é neste sentido que Bergson enaltece o impulso vital com muitas contingências.[92] O que ele quer dizer é que, de algum modo, a coisa vem *antes* de suas causas, que é preciso começar pela própria coisa, pois as causas vêm depois. Mas a indeterminação jamais significa que a coisa ou a ação teriam podido ser outras. "Poderia o ato ser outro?" é uma questão vazia de sentido. A exigência bergsoniana é a de levar a compreender por que a coisa é mais isto do que outra *[112]* coisa. A diferença é que é explicativa da própria coisa, e não suas causas. "É preciso buscar a liberdade em uma certa nuança ou qualidade da própria ação e não em uma relação desse ato com o que ele não é ou teria podido ser."[93] O bergsonismo é uma filosofia da diferença e da realização da diferença: há a diferença em pessoa, e esta se realiza como novidade.

*Tradução de Lia de Oliveira Guarino e Fernando Fagundes Ribeiro*

---

[92] *EC*, p. 255.
[93] *DI*, p. 137.

# ÍNDICE DE NOMES E CORRENTES FILOSÓFICAS

Para cada um dos textos aqui traduzidos (*Bergsonismo*, "Bergson" e "A concepção da diferença em Bergson"), os números correspondem à paginação da respectiva edição francesa, paginação preservada entre colchetes ao longo da tradução. A letra *n* indica citação em nota de rodapé.

*Bergsonismo*

Aristóteles, *40n*
Berkeley, George, *34*
Biólogos classificadores, *103*
Cuénot, Lucien, *110n*
Einstein, Albert, *32, 33, 79, 80*
Empirismo superior, *22*
Evolucionismo, *101, 102*
Feuerbach, Ludwig, *38n*
Filosofias da natureza, *98n, 40n, 55*
Filosofias da vida, *102*
Finalismo, *108-110*
Freud, Sigmund, *50*
Gouhier, Henri, *116n*
Hamelin, Octave, *38*
Hegel, G. W. F., *38, 38n*
Höffding, Harald, *1, 2n*
Husserl, Edmund, *32n*
Husson, Léon, *2n*
Hyppolite, Jean, *51n*
Idealismo, *25, 76*
Kant, Immanuel, *10, 13, 41*
Kierkegaard, Soren, *38n, 53*
Leibniz, Gottfried, *69, 100n*
Marx, Karl, *38n, 84, 85n, 6, 87*
Mecanicismo, *108, 109*
Merleau-Ponty, Maurice, *86n*
Nietzsche, Friedrich, *38n*

Platão, *11, 11n, 24, 39, 39n*
Platônicos, *39, 95*
Pós-kantianos, *41*
Pré-formismo, *101*
Probabilismo superior, *22*
Proust, Marcel, *55n, 87, 99*
Realismo, *25, 76*
Riemann, Bernhard, *31, 32, 32n, 33, 39*
Robinet, André, *29n*
Ruyer, Raymond, *103n*
Weyl, Hermann, *32n*
Zenão, *42*


"Bergson"

Empirismo inglês, *299*
Filosofias críticas, *299*
Finalismo, *297*
Idealismo, *298*
Mecanicismo, *297*
Platão, *295*
Ravaisson, Félix, *294*
Realismo, *298*

"A concepção da diferença em Bergson"

Aristóteles, *87*
Darwin, Charles, *92*
Empirismo superior, *85*
Hegel, G. W. F., *90*, *96*
Hume, David, *102*
Mecanicismo, *92*
Metafísica grega, *84*
Platão, *81*, *87*, *90*, *95*, *96*
Ravaisson, Félix, *98*
Schelling, Friedrich, *85*, *111*
Tarde, Gabriel, *95n*

# BIBLIOGRAFIA DE GILLES DELEUZE

*David Hume, sa vie, son oeuvre, avec un exposé de sa philosophie* (com André Cresson). Paris: PUF, 1952.

*Empirisme et subjectivité: essai sur la nature humaine selon Hume.* Paris: PUF, 1953 [ed. bras.: *Empirismo e subjetividade: ensaio sobre a natureza humana segundo Hume*, trad. Luiz B. L. Orlandi, São Paulo: Editora 34, 2001].

*Instincts et institutions: textes et documents philosophiques* (organização, prefácio e apresentações de Gilles Deleuze). Paris: Hachette, 1953 [ed. bras.: "Instintos e instituições", trad. Fernando J. Ribeiro, in Carlos Henrique Escobar (org.), *Dossier Deleuze*, Rio de Janeiro: Hólon, 1991, pp. 134-7].

*Nietzsche et la philosophie.* Paris: PUF, 1962 [ed. bras.: *Nietzsche e a filosofia*, trad. Ruth Joffily Dias e Edmundo Fernandes Dias, Rio de Janeiro: Editora Rio, 1976; nova ed. bras.: trad. Mariana de Toledo Barbosa e Ovídio de Abreu Filho, São Paulo: n-1 edições, 2018].

*La Philosophie critique de Kant.* Paris: PUF, 1963 [ed. bras.: *Para ler Kant*, trad. Sônia Pinto Guimarães, Rio de Janeiro: Francisco Alves, 1976; nova ed. bras.: *A filosofia crítica de Kant*, trad. Fernando Scheibe, Belo Horizonte: Autêntica, 2018].

*Proust et les signes.* Paris: PUF, 1964; 4ª ed. atualizada, 1976 [ed. bras.: *Proust e os signos*, trad. da 4ª ed. fr. Antonio Piquet e Roberto Machado, Rio de Janeiro: Forense Universitária, 1987].

*Nietzsche.* Paris: PUF, 1965 [ed. port.: *Nietzsche*, trad. Alberto Campos, Lisboa: Edições 70, 1981].

*Le Bergsonisme.* Paris: PUF, 1966 [ed. bras.: *Bergsonismo*, trad. Luiz B. L. Orlandi, São Paulo: Editora 34, 1999 (incluindo os textos "A concepção da diferença em Bergson", 1956, trad. Lia Guarino e Fernando Fagundes Ribeiro, e "Bergson", 1956, trad. Lia Guarino)].

*Présentation de Sacher-Masoch.* Paris: Minuit, 1967 [ed. bras.: *Apresentação de Sacher-Masoch*, trad. Jorge Bastos, Rio de Janeiro: Taurus, 1983; nova ed. como *Sacher-Masoch: o frio e o cruel*, Rio de Janeiro: Zahar, 2009].

*Différence et répétition.* Paris: PUF, 1968 [ed. bras.: *Diferença e repetição*, trad. Luiz B. L. Orlandi e Roberto Machado, Rio de Janeiro: Graal, 1988, 2ª ed., 2006; 3ª ed., Rio de Janeiro: Paz e Terra, 2018].

*Spinoza et le problème de l'expression*. Paris: Minuit, 1968 [ed. bras.: *Espinosa e o problema da expressão*, trad. GT Deleuze — 12, coord. Luiz B. L. Orlandi, São Paulo: Editora 34, 2017].

*Logique du sens*. Paris: Minuit, 1969 [ed. bras.: *Lógica do sentido*, trad. Luiz Roberto Salinas Fortes, São Paulo: Perspectiva, 1982].

*Spinoza*. Paris: PUF, 1970 [ed. port.: *Espinoza e os signos*, trad. Abílio Ferreira, Porto: Rés-Editora, s.d.].

*L'Anti-Œdipe: capitalisme et schizophrénie 1* (com Félix Guattari). Paris: Minuit, 1972 [ed. bras.: *O anti-Édipo: capitalismo e esquizofrenia 1*, trad. Georges Lamazière. Rio de Janeiro: Imago, 1976; nova ed. bras.: trad. Luiz B. L. Orlandi, São Paulo: Editora 34, 2010].

*Kafka: pour une littérature mineure* (com Félix Guattari). Paris: Minuit, 1975 [ed. bras.: *Kafka: por uma literatura menor*, trad. Júlio Castañon Guimarães, Rio de Janeiro: Imago, 1977; nova ed. bras.: trad. Cíntia Vieira da Silva, Belo Horizonte: Autêntica, 2014].

*Rhizome* (com Félix Guattari). Paris: Minuit, 1976.

*Dialogues* (com Claire Parnet). Paris: Flammarion, 1977; nova edição, 1996 [ed. bras.: *Diálogos*, trad. Eloisa Araújo Ribeiro, São Paulo: Escuta, 1998; nova ed. bras.: trad. Eduardo Mauricio da Silva Bomfim, São Paulo: Lumme, 2017].

*Superpositions* (com Carmelo Bene). Paris: Minuit, 1979.

*Mille plateaux: capitalisme et schizophrénie 2* (com Félix Guattari). Paris: Minuit, 1980 [ed. bras. em cinco volumes: *Mil platôs: capitalismo e esquizofrenia 2* — *Mil platôs*: vol. 1, trad. Aurélio Guerra Neto e Célia Pinto Costa, Rio de Janeiro: Editora 34, 1995 — *Mil platôs*: vol. 2, trad. Ana Lúcia de Oliveira e Lúcia Cláudia Leão, Rio de Janeiro: Editora 34, 1995 — *Mil platôs*, vol. 3, trad. Aurélio Guerra Neto, Ana Lúcia de Oliveira, Lúcia Cláudia Leão e Suely Rolnik, São Paulo: Editora 34, 1996 — *Mil platôs*, vol. 4, trad. Suely Rolnik, São Paulo: Editora 34, 1997 — *Mil platôs*, vol. 5, trad. Peter Pál Pelbart e Janice Caiafa, São Paulo: Editora 34, 1997].

*Spinoza: philosophie pratique*. Paris: Minuit, 1981 [ed. bras.: *Espinosa: filosofia prática*, trad. Daniel Lins e Fabien Pascal Lins, São Paulo: Escuta, 2002].

*Francis Bacon: logique de la sensation*, vols. 1 e 2. Paris: Éd. de la Différence, 1981, 2ª ed. aumentada, 1984 [ed. bras.: *Francis Bacon: lógica da sensação* (vol. 1), trad. Aurélio Guerra Neto, Bruno Lara Resende, Ovídio de Abreu, Paulo Germano de Albuquerque e Tiago Seixas Themudo, coord. Roberto Machado, Rio de Janeiro: Zahar, 2007].

*Cinéma 1 — L'Image-mouvement*. Paris: Minuit, 1983 [ed. bras.: *Cinema 1 — A imagem-movimento*, trad. Stella Senra, São Paulo: Brasiliense, 1985; 2ª ed. revista, São Paulo: Editora 34, 2018].

*Cinéma 2 — L'Image-temps*. Paris: Minuit, 1985 [ed. bras.: *Cinema 2 — A imagem-tempo*, trad. Eloisa Araújo Ribeiro, São Paulo: Brasiliense, 1990; 2ª ed. revista, São Paulo: Editora 34, 2018].

*Foucault*. Paris: Minuit, 1986 [ed. bras.: trad. Claudia Sant'Anna Martins, São Paulo: Brasiliense, 1988].

*Le Pli: Leibniz et le baroque*. Paris: Minuit, 1988 [ed. bras.: *A dobra: Leibniz e o barroco*, trad. Luiz B. L. Orlandi, Campinas: Papirus, 1991; 2ª ed. revista, 2000].

*Périclès et Verdi: la philosophie de François Châtelet*. Paris: Minuit, 1988 [ed. bras.: *Péricles e Verdi: a filosofia de François Châtelet*, trad. Hortência S. Lencastre, Rio de Janeiro: Pazulin, 1999].

*Pourparlers (1972-1990)*. Paris: Minuit, 1990 [ed. bras.: *Conversações (1972-1990)*, trad. Peter Pál Pelbart, Rio de Janeiro: Editora 34, 1992].

*Qu'est-ce que la philosophie?* (com Félix Guattari). Paris: Minuit, 1991 [ed. bras.: *O que é a filosofia?*, trad. Bento Prado Jr. e Alberto Alonso Muñoz, Rio de Janeiro: Editora 34, 1992].

*L'Épuisé*, em seguida a *Quad, Trio du Fantôme, ... que nuages..., Nacht und Träume* (de Samuel Beckett). Paris: Minuit, 1992 [ed. bras.: *Sobre o teatro: O esgotado e Um manifesto de menos*, trad. Fátima Saadi, Ovídio de Abreu e Roberto Machado, intr. Roberto Machado, Rio de Janeiro: Zahar, 2010].

*Critique et clinique*. Paris: Minuit, 1993 [ed. bras.: *Crítica e clínica*, trad. Peter Pál Pelbart, São Paulo: Editora 34, 1997].

*L'Île déserte et autres textes (textes et entretiens 1953-1974)* (org. David Lapoujade). Paris: Minuit, 2002 [ed. bras.: *A ilha deserta e outros textos (textos e entrevistas 1953-1974)*, trad. Cíntia Vieira da Silva, Christian Pierre Kasper, Daniel Lins, Fabien Pascal Lins, Francisca Maria Cabrera, Guido de Almeida, Hélio Rebello Cardoso Júnior, Hilton F. Japiassú, Lia de Oliveira Guarino, Fernando Fagundes Ribeiro, Luiz B. L. Orlandi, Milton Nascimento, Peter Pál Pelbart, Roberto Machado, Rogério da Costa Santos, Tiago Seixas Themudo, Tomaz Tadeu e Sandra Corazza, coord. e apr. Luiz B. L. Orlandi, São Paulo: Iluminuras, 2006].

*Deux régimes de fous (textes et entretiens 1975-1995)* (org. David Lapoujade). Paris: Minuit, 2003 [ed. bras.: *Dois regimes de loucos: textos e entrevistas (1975-1995)*, trad. Guilherme Ivo, rev. técnica Luiz B. L. Orlandi, São Paulo: Editora 34, 2016].

*Lettres et autres textes* (org. David Lapoujade). Paris: Minuit, 2015 [ed. bras.: *Cartas e outros textos*, trad. Luiz B. L. Orlandi, São Paulo: n-1 edições, 2018].

# SOBRE O AUTOR

Gilles Deleuze nasceu em 18 de janeiro de 1925, em Paris, numa família de classe média. Perdeu seu único irmão, mais velho do que ele, durante a luta contra a ocupação nazista. Gilles apaixonou-se por literatura, mas descobriu a filosofia nas aulas do professor Vial, no Liceu Carnot, em 1943, o que o levou à Sorbonne no ano seguinte, onde obteve o Diploma de Estudos Superiores em 1947 com um estudo sobre David Hume (publicado em 1953 como *Empirismo e subjetividade*). Entre 1948 e 1957 lecionou no Liceu de Amiens, no de Orléans e no Louis-Le-Grand, em Paris. Já casado com a tradutora Fanny Grandjouan em 1956, com quem teve dois filhos, trabalhou como assistente em História da Filosofia na Sorbonne entre 1957 e 1960. Foi pesquisador do CNRS até 1964, ano em que passou a lecionar na Faculdade de Lyon, lá permanecendo até 1969. Além de Jean-Paul Sartre, teve como professores Ferdinand Alquié, Georges Canguilhem, Maurice de Gandillac, Jean Hyppolite e Jean Wahl. Manteve-se amigo dos escritores Michel Tournier, Michel Butor, Jean-Pierre Faye, além dos irmãos Jacques e Claude Lanzmann e de Olivier Revault d'Allonnes, Jean-Pierre Bamberger e François Châtelet. Em 1962 teve seu primeiro encontro com Michel Foucault, a quem muito admirava e com quem estabeleceu trocas teóricas e colaboração política. A partir de 1969, por força dos desdobramentos de Maio de 1968, firmou sua sólida e produtiva relação com Félix Guattari, de que resultaram livros fundamentais como *O anti-Édipo* (1972), *Mil platôs* (1980) ou *O que é a filosofia?* (1991). De 1969 até sua aposentadoria em 1987 deu aulas na Universidade de Vincennes (hoje Paris VIII), um dos centros do ideário de Maio de 68. Em 1995, quando o corpo já doente não pôde sustentar a vitalidade de seus encontros, o filósofo decide conceber a própria morte: seu suicídio ocorre em Paris em 4 de novembro desse ano. O conjunto de sua obra — em que se destacam ainda os livros *Diferença e repetição* (1968), *Lógica do sentido* (1969), *Cinema 1: A imagem-movimento* (1983), *Cinema 2: A imagem-tempo* (1985), *Crítica e clínica* (1993), entre outros — deixa ver, para além da pluralidade de conexões que teceu entre a filosofia e seu "fora", a impressionante capacidade de trabalho do autor, bem como sua disposição para a escrita conjunta, e até para a coescrita, como é o caso dos livros assinados com Guattari.

# SOBRE O TRADUTOR

Luiz B. L. Orlandi nasceu em Jurupema, antiga Jurema, interior do estado de São Paulo, em 1936. Graduou-se em Pedagogia pela Faculdade de Filosofia, Ciências e Letras de Araraquara no ano de 1964, cursando em seguida Pós-Graduação em Filosofia na Universidade de São Paulo. Em 1968 tornou-se professor do Departamento de Filosofia da Universidade Estadual de Campinas e, graças a uma bolsa de estudos da FAPESP, transferiu-se para a França, onde obteve os certificados de Estudos Superiores em Linguística Francesa (1969) e Estilística Literária do Francês (1970) pela Universidade de Besançon, a mesma na qual licenciou-se em Letras e defendeu sua dissertação de mestrado sobre a poética de Tzvetan Todorov, redigida em Paris enquanto seguia os cursos do linguista Oswald Ducrot na École Pratique des Hautes Études.

De volta ao Brasil, tornou-se doutor em Filosofia pela Unicamp, em 1974, com um estudo sobre o problema da linguagem na obra de Maurice Merleau-Ponty, mais tarde publicado em livro (*A voz do intervalo*, Ática, 1980). Foi diretor do Instituto de Filosofia e Ciências Humanas da Unicamp (1984-89) e chefe do Departamento de Filosofia (1990-92), sendo atualmente professor titular desse departamento e também professor do Núcleo de Estudos da Subjetividade da Pontifícia Universidade Católica de São Paulo. É autor também de *Falares de malquerença* (Unicamp, 1983), *A diferença* (organização, Unicamp, 2005) e *Arrastões na imanência* (Phi, 2018).

A partir da década de 80 passa a se dedicar regularmente à tradução, atividade que mantém em paralelo com as de professor e ensaísta. Da obra de Gilles Deleuze — da qual é um dos grandes intérpretes no Brasil — traduziu *Diferença e repetição* (com Roberto Machado, Graal, 1988), *A dobra: Leibniz e o barroco* (Papirus, 1991), *Bergsonismo* (Editora 34, 1999), *Empirismo e subjetividade* (Editora 34, 2001) e *Cartas e outros textos* (n-1 edições, 2018), além de *A ilha deserta e outros textos* (Iluminuras, 2006) e *Espinosa e o problema da expressão* (Editora 34, 2017), como coordenador da tradução coletiva. Traduziu ainda *O anti-Édipo*, de Gilles Deleuze e Félix Guattari (Editora 34, 2010), e *Deleuze: uma filosofia do acontecimento*, de François Zourabichvili (Editora 34, 2016).

# COLEÇÃO TRANS
*direção de Éric Alliez*

Gilles Deleuze e Félix Guattari
*O que é a filosofia?*

Félix Guattari
*Caosmose*

Gilles Deleuze
*Conversações*

Barbara Cassin, Nicole Loraux, Catherine Peschanski
*Gregos, bárbaros, estrangeiros*

Pierre Lévy
*As tecnologias da inteligência*

Paul Virilio
*O espaço crítico*

Antonio Negri
*A anomalia selvagem*

André Parente (org.)
*Imagem-máquina*

Bruno Latour
*Jamais fomos modernos*

Nicole Loraux
*Invenção de Atenas*

Éric Alliez
*A assinatura do mundo*

Maurice de Gandillac
*Gêneses da modernidade*

Gilles Deleuze e Félix Guattari
*Mil platôs*
(Vols. 1, 2, 3, 4 e 5)

Pierre Clastres
*Crônica dos índios Guayaki*

Jacques Rancière
*Políticas da escrita*

Jean-Pierre Faye
*A razão narrativa*

Monique David-Ménard
*A loucura na razão pura*

Jacques Rancière
*O desentendimento*

Éric Alliez
*Da impossibilidade da fenomenologia*

Michael Hardt
*Gilles Deleuze*

Éric Alliez
*Deleuze filosofia virtual*

Pierre Lévy
*O que é o virtual?*

François Jullien
*Figuras da imanência*

Gilles Deleuze
*Crítica e clínica*

Stanley Cavell
*Esta América nova, ainda inabordável*

Richard Shusterman
*Vivendo a arte*

André de Muralt
*A metafísica do fenômeno*

François Jullien
*Tratado da eficácia*

Georges Didi-Huberman
*O que vemos, o que nos olha*

Pierre Lévy
*Cibercultura*

Gilles Deleuze
*Bergsonismo*

Alain de Libera
*Pensar na Idade Média*

Éric Alliez (org.)
*Gilles Deleuze: uma vida filosófica*

Gilles Deleuze
*Empirismo e subjetividade*

Isabelle Stengers
*A invenção das ciências modernas*

Barbara Cassin
*O efeito sofístico*

Jean-François Courtine
*A tragédia e o tempo da história*

Michel Senellart
*As artes de governar*

Gilles Deleuze e Félix Guattari
*O anti-Édipo*

Georges Didi-Huberman
*Diante da imagem*

François Zourabichvili
*Deleuze:
uma filosofia do acontecimento*

Gilles Deleuze
*Dois regimes de loucos:
textos e entrevistas (1975-1995)*

Gilles Deleuze
*Espinosa
e o problema da expressão*

Gilles Deleuze
*Cinema 1 — A imagem-movimento*

Gilles Deleuze
*Cinema 2 — A imagem-tempo*

Este livro foi composto em Sabon,
pela Bracher & Malta, com CTP da
New Print e impressão da Graphium
em papel Pólen Soft 80 g/m² da Cia.
Suzano de Papel e Celulose para a
Editora 34, em maio de 2020.